조선상식문답

기파랑耆婆郎은 삼국유사에 수록된 신라시대 향가 찬기파랑가讚耆婆郎歌의 주인공입니다. 작자 충담忠談은 달과 시내와 잣나무의 은유를 통해 이상적인 화랑의 모습을 그리고 있습니다. 어두운 구름을 헤치고 나와 세상을 비추는 달의 강인함, 끝간 데 없이 뻗어나간 시냇물의 영원함, 그리고 겨울 찬서리 이겨내고 늘 푸른빛 잃지 않는 잣나무의 불변함은 도서출판 기파랑의 정신입니다.
www.guiparang.com

조선상식문답

초판 1쇄 발행일 2011년 8월 10일

지은이 | 최남선
해제 | 문형렬
펴낸이 | 안병훈
북디자인 | 김정환

펴낸곳 | 도서출판 기파랑
등록 | 2004년 12월 27일 제300-2004-204호
주소 | 서울시 종로구 동숭동 1-49 동숭빌딩 301호
전화 | 763-8996(편집부) 3288-0077(영업마케팅부)
팩스 | 763-8936
이메일 | info@guiparang.com
홈페이지 | www.guiparang.com

ISBN 978-89-6523-960-4 03910

조선상식문답

최남선 지음

기파랑 에크리 Ecrit

제1장 국호

22 조선이란 이름은 언제 생겼습니까?
23 조선이란 무슨 뜻의 말입니까?
24 조선이란 말이 몇 번이나 나라 이름으로 쓰였습니까?
26 대한大韓이란 말은 어떠한 내력이 있습니까?
28 서양각국에서 '코리아'와 또 그 비슷하게 부르게 된 이름들은…
30 중국 말고 다른 이웃나라 사람들은 우리를 무엇이라고 불렀을까요?
31 무궁화 나라라고 일컬음은 어떤 까닭입니까?
32 진震이란 말은 무슨 뜻입니까?
33 청구靑丘라는 말은 무슨 의미입니까?
34 동국東國, 해동海東, 대동大東은 무슨 뜻입니까?

제2장 지리

36 조선의 지도상의 위치는 어떠합니까?
37 우리나라 동서남북의 극단은 어디입니까?
38 조선 땅은 얼마나 됩니까?
39 삼천리강산이라는 말에서 삼천리는 무엇입니까?
40 조선의 폭원輻圓:폭과 둘레은 얼마나 될까요?
41 해안선의 자세한 것을 들려주시오.
42 조선의 섬은 몇이나 있습니까?
43 조선반도를 지리상으로 구분하는 이름은 무엇 무엇입니까?
44 조선의 행정상 지방구획은 어떠한 변천이 있었습니까?
46 각 도道의 이름은 어떻게 지은 것입니까?
47 도道라는 말은 무슨 뜻입니까?
48 고을의 변천을 대강 말씀하여 주시오.
49 조선의 산에 수효가 얼마나 있다 하겠습니까?
50 조선에서 가장 높은 산이 어딥니까?
51 조선에서 대표적 명산을 말하자면 어디 어디라 하겠습니까?
53 4대 명산이란 것은 무엇입니까?
54 조선에서 대표적 대천大川이라고 할 것은 어디 어디이겠습니까?
56 조선에서 유명한 평야는 어딥니까?
57 호수는 어디를 들어 말하겠습니까?
58 조선의 기후는 어떻다고 하겠습니까?
59 삼한사온三寒四溫이라 함은 무슨 말입니까?
60 장마란 무엇입니까?
61 높새란 것은 무엇입니까?

제3장 물산

64 조선의 자원은 어떻습니까?
65 조선에는 얼마나 많은 동물이 삽니까?
66 조선의 식물 수는 얼마나 됩니까?
67 조선의 광산 상태는 어떠합니까?
68 조선의 쌀에 대하여 말씀하여 주시오.
69 면화棉花에 대한 이야기를 들려주시오.
71 인삼人蔘에 관한 말씀을 듣고 싶습니다.
74 조선에서는 어떠한 과실이 많이 생산됩니까?
75 옛날 조선에서 유명하게 치던 과일 종류를 들려주시오.
76 감귤류는 조선 어디 됩니까?
77 조선에서도 차茶가 납니까?
78 조선의 담배 이야기를 들려주시오.
80 조선의 조회종이는 어떠합니까?
82 조선지의 명품을 약간 들려주십시오.
83 압록강 목재라는 것은 어떠한 것입니까?
85 조선의 축우畜牛는 어떠합니까?
86 조선의 10대 어업이란 무엇 무엇입니까?
87 조선의 금金을 말씀하여 주시오.
89 조선의 철은 어디 어디서 납니까?
90 조선의 석탄사정은 어떠합니까?
91 흑연黑鉛이란 것은 무엇입니까?
93 고릉토高陵土란 것은 무엇입니까?
94 '시멘트'의 원료는 어떠합니까?
95 희유원소광물稀有元素鑛物이란 무엇입니까?
96 석유는 조선에서 나지 않습니까?

제4장 풍속

98 　백의白衣 입는 버릇은 언제 어떻게 생긴 것입니까?
99 　흰옷을 이 뒤에도 입는 것이 좋을까요?
100 　두루마기란 웃옷의 내력은 어떠합니까?
101 　망건網巾의 내력은 어떻습니까?
102 　탕건의 내력은 어떠합니까?
103 　신발 말씀을 하여 주시오.
104 　나막신의 내력을 들려주시오.
105 　조선의 음식 만드는 법에 무엇이 가장 유명합니까?
106 　신선로神仙爐의 내력은 무엇입니까?
107 　약식藥食이니 약반藥飯이니 하는 것은 과연 조선사람 것입니까?
109 　약과란 어떠한 것입니까?
110 　약주藥酒라는 말은 무슨 뜻입니까?
111 　조선술로 유명한 것은 무엇이 있습니까?
112 　떡 이야기를 하여 주시오.
113 　남주북병南酒北餠이란 말은 어째서 생겼습니까?
114 　시식時食이란 것은 무엇입니까?
115 　지방마다 유명한 음식은 어디 무엇입니까?
116 　갓난애 백일百日을 축하함은 무슨 까닭입니까?
117 　돌잡히는 의미는 무엇입니까?
118 　관례冠禮란 것은 무엇입니까?
120 　장가를 든다는 말은 무슨 의미입니까?
121 　조선 옛날에 동성同姓과 일문一門이 서로 혼인하였다는 말이 정말입니까?
123 　삼년상三年喪은 언제부터 행하였습니까?
124 　윷은 어떠한 놀이입니까?
125 　편쌈 이야기를 듣고 싶습니다.
127 　널뛰기는 무엇입니까?

제5장 명일

130 정월 초를 '설'이라고 하는 것은 무슨 이유입니까?
132 대보름이라 함은 무슨 뜻입니까?
133 제용祭俑이라는 것은 무엇입니까?
134 부럼 먹는 뜻은 무엇입니까?
135 답교踏橋는 무슨 의미로 합니까?
136 2월 초하루는 어떠한 명절입니까?
137 한식寒食이란 것은 무슨 명일입니까?
139 삼질3일, 삼짇날이란 무슨 명일입니까?
140 파일八日은 무슨 날입니까?
142 단오端午는 어떠한 명일입니까?
144 유두라는 명일은 무엇 때문입니까?
145 백중은 무엇입니까?
146 가위는 어떠한 명일입니까?
148 9일은 어떤 명일입니까?
149 10월은 왜 상달이라고 합니까?
150 개천절開天節을 말씀하여 주시오.
152 동지冬至는 어떠한 절기입니까?
153 납향臘享은 무슨 뜻입니까?

제6장 역사

156 조선 역사는 어떠한 것입니까?
157 조선 역사의 큰 줄기를 간차롭고 알기 쉽게 말씀하여 주시오.
163 조선 역사에 나타난 민족문화의 대강을 듣고 싶습니다.
167 조선 역사의 특점特點이 무엇이겠습니까?
170 일본 사람이 또한 그 기업基業의 장구함을 자랑하는데…
173 조선 역사의 그 다음 특점은 무엇입니까?
176 조선 역사의 또 그 다음 특점도 말씀하여 주시오.
180 조선 역사는 어떠한 때에 영광을 가졌습니까?
182 조선 역사의 치욕스런 책장은 어떠한 때에 기록되었습니까?
184 조선의 민족성을 말씀하여 주시오.
185 조선인은 파쟁성派爭性과 사대성事大性이 있다는데 과연 그렇습니까?
186 역사를 거울로 하여 우리가 급히 고쳐야 할 병통은 무엇입니까?
187 조선 역사를 읽을 때 가장 슬픈 일은 무엇이겠습니까?
189 민족이 외적外敵의 밑에 들어 있을 때…
192 조선 역대의 대수代數와 연수年數를 알고 싶습니다.
193 조선왕조의 열조列朝 사실을 대강 일러 주시오.

제7장 신앙

196 조선에는 무슨 고유 신앙이 있었습니까?
199 조선 민족교의 내력을 들려주시오.
202 고유 신앙이 가장 융성하던 시기는 언제입니까?
204 '부루'의 교단에서 정신력을 단련하는 데 쓰던 방법은 무엇이었습니까?
207 옛날 '부루'교의 끼친 자취에…
210 단군의 교教는 근래에 어떻게 되었습니까?
212 대종교大倧敎란 무슨 뜻입니까?
213 『정감록鄭鑑錄』이란 어떠한 것입니까?
216 남조선南朝鮮이란 무엇입니까?
220 동학천도교는 어떻게 생겼습니까?
223 유사종교란 것은 무슨 의미입니까?

제8장 유학

226 유교는 언제 들어와 어떻게 행하였습니까?
230 조선에도 정주 이외의 학파가 있었습니까?
231 승무유현陞廡儒賢이란 무엇입니까?
234 서원書院이란 것은 무엇입니까?
239 성균관은 무엇입니까?
241 사학四學이라는 것은 무엇입니까?
242 향교鄕校란 것은 무엇입니까?
243 석전釋奠이란 것은 무엇입니까?
244 거재居齋란 것은 무엇입니까?
245 유교가 조선에 준 영향은 어떻습니까?

제9장 여러 종교들

250 불교는 언제 어떻게 들어왔습니까?
252 이차돈의 순법한 이야기를 듣고 싶습니다.
254 불교의 전통은 우리에게 어떠한 영향을 주었습니까?
256 우리나라의 대표적 명승名僧은 누구누구입니까?
262 조선왕조에서는 과연 억불抑佛만 하였습니까?
264 31본산本山이란 것은 무엇입니까?
266 조선 불교에는 어떠한 종파가 있었습니까?
269 도교道敎는 조선에 어떻게 행했습니까?
273 기독교基督敎는 언제 어떻게 들어왔습니까?
280 천주교란 말은 무슨 뜻입니까?
282 조선에 있는 기독교 순교자의 장렬한 사실을 들려주시오.
286 희랍교회란 것은 무엇입니까?
287 성분도회聖芬道會는 무엇입니까?
288 기독신교新敎는 언제부터 들어왔습니까?
292 영국 성공회聖公會란 것은 무엇입니까?
293 구세군救世軍이란 무엇입니까?
294 기독교가 우리에게 준 영향은 어떻습니까?
297 회회교回回敎도 조선에 들어왔습니까?

제10장 어문

300 조선어는 언어학상 어떤 종류에 속합니까?
302 우랄·알타이 어족이라는 것은 무엇입니까?
304 조선말은 얼마나 오랜 기원을 가졌습니까?
306 조선어의 구성 내용은 어떻습니까?
308 외래어란 무엇입니까?
310 조선에 있는 외래어의 실제를 범위 넓게 말씀하여 주시오.
315 조선의 국문國文은 언제 어떻게 성립하였습니까?
317 훈민정음은 무엇에 의거하여 만든 것일까요?
321 당초부터 자방고전字倣古篆이란 말이 있어 오는데…
323 훈민정음의 문자학적 특색을 듣고 싶습니다.
327 우리글의 바른 이름은 무엇입니까?
330 반절反切이란 이름은 무엇입니까?
331 한글이란 말은 언제 생겼습니까?
332 28자모에는 어떠한 연혁이 있었습니까?
334 훈민정음 보급의 과정을 대강 알려 주시오.

조선상식문답 해제

『조선상식문답』은 1946년 육당六堂 최남선崔南善이 직접 운영하던 동명사에서 나왔다. 이 책은 1937년 1월 30일부터 9월 22일까지 〈매일신보〉에 160회에 걸쳐 연재한 '조선상식'을 수정하고 보충해서 조선의 풍속과 역사, 전통 등을 문답식으로 정리한 책이다. 이 책은 제1장 국호에서부터 지리, 물산, 풍속, 명일세시풍속, 역사, 신앙, 유학, 종교, 어문 등 10장으로 구성되어 있다.

이 책에 조선에도 석유가 나온다는 기록이 눈길을 끈다.

"송대宋代의 『작몽록昨夢錄』이라는 책에 '고려의 동방 수천 리에서 맹화유猛火油가 나니 뜨거운 볕에 돌이 달아서 나는 액이라 물에 들어가면 불길이 뻗치고 고기들이 다 죽느니라' 한 것이 있으며, 이런 것들을 받아서 명대의 박물학자 이시진은 『본초강목本草綱目』이란 책에 쓰기를 '석유는 고려에서 나니 석암石巖에서 솟아서 샘물과 섞여 흐르며 빛이 검고 유황 기운이 있는데 그곳 사람이 떠다가 등을 켜니 대단히 밝으며 그 그을음은 먹을 만드니 윤기가 송연보다 낫더라'고 분명한 말을 하였습니다."

지금의 현실에서 보면 이 기록은 우리 영토 어딘가에 석유가 매장되어 있을 수도 있다는 기대를 하게 한다.

잘 알다시피 일제 강점기의 지식인이었으며 문인이었던 최남선은 기미 독립선언서를 기초하는 등 민족 대표로 독립운동에 뛰어들었지만, 아쉽게도 1927년에 조선총독부 조선사편찬위원회의 촉탁으로 일했고 1936년에는 조선총독부 중추원 참의를 지내는 등 친일활동을 한 이력이 있다.

『조선상식문답』을 보면 그는 서문에서 "대운大運이 일혁一革하여 그 공포에는 때를 헤아릴 필요가 있게 되었다"고 하고 "이에 그 양을 감하고 그 문장과 표현을 쉽게 하고, (중략) 조선 마음의 형극荊棘을 다스리기에 도움이 되기를" 바라면서 이 책을 출간한 것이라고 쓰고 있다. '대운이 일혁'한 것은 광복을 의미한 것이다. 저자의 서문에 기미년1919의 27회 독립선언 기념일인 1946년에 이 책이 나온 것도 저자 나름대로의 이유가 있을 것이다. 광복 그 다음 해에 나온 이 책의 출간 시기로 미루어 볼 때, 광복 이후 자신의 친일 행적에 대한 반성과 조선 역사에 대한 뼈아픈 애정이 이 책 속에 묻어 있을 수밖에 없다.

원전을 하나씩 살피다 보니 낡은 종이에서 묻어 나오는 오래된 책벌레가 손가락이며 목을 빨갛게 물어뜯곤 했지만, 그것은 아무런 장애가 되지 못했다. 원전을 한 장씩 넘길수록 조선에 대한 그 해박함과 깊이에 놀랄 따름이다. 육당과 춘원春園 이광수李光洙, 벽초碧初 홍명희洪命憙를 일러 조선의 세 천재라고 하였는데, 『조선상식문답』을 읽어보면 왜 그런 말이 나왔는지 충분히 알 수 있다. 한학과 역사, 문학, 어문학을 비롯해 조선의 강토와 역사, 문화에 대한 그 박학다식함에는 감탄하지 않을 수 없는 것이다. 한편으로는 착잡해지는 마음도 막을 수가 없다. 친일행적으로 그의 빼어난 업적이 남김없이 가려지고 제대로 조명을 받지 못하는 것은 애석한 일이 아니겠는가.

『조선상식문답』의 옛 표현을 그대로 살리면서도 시방 우리말의 흐름에 맞게 옮길 만한 의미가 분명히 있는 것은, 이 책이 우리가 꼭 알아야 할 대한민국의 역사와 문화에 관한 이야기를 아주 간결하면서도 충실하게 적은 책이기 때문이다. 또한 역사에 대한 인식과 교훈을 되새긴다는 의미에서 저자 마음의 행로를 이 책의 흐름을 통해 짚어보면서, 지금

대한민국의 역사적 현실에 대한 반성과 전망에 대한 공부가 『조선상식문답』을 통해서 더 풍부해질 수 있으리라는 기대감도 드는 바이다.

  그런 의미에서 이 책은 자라나는 청소년들에게는 더더욱 꼭 읽어보아야 할 책이라 아니할 수 없다. 혹시나 요즘의 우리말 어법으로 전하는 과정에 뜻이 잘못되어 전달된 것이 있다면, 이는 오직 해제하는 이의 앎과 힘씀이 모자라는 것이니 꾸지람이 있기를 삼가 바란다.

문형렬

조선상식문답 서叙

상식常識이라 함은 일상생활에 꼭 필요한 지식을 이르니 자기 신변의 사물을 인식하는 것 이상으로 필요한 일이 또 어디 있으랴. 예부터 조선인에게 가장 결핍한 것은 조선에 관한 상식이어서 앉아서 천하를 이야기하되 자기의 생활을 의탁하고 있는 사회, 문화, 형체를 갖춘 온갖 물건에 대하여는 다만 그 속내를 잘 모르고 어두워 장님, 귀머거리, 벙어리임을 면치 못한 것이 하루 이틀의 일이 아니다. 그러나 기왕은 모르거니와 자주 독립하여 내가 내 임자노릇을 하게 된 금일 이후에야 무엇으로써 조선을 몰라도 가히 핑계를 삼을 것인가.

그러나 조선인이 조선을 알지 못함은 다만 민중 그네만을 책責할 것이 아니라, 그네로 하여금 배우고 알고 그리하여 눈으로 보고 마음으로 느끼고 분발할 만한 조선 지식의 문로門路: 방법를 주지 아니한 책임이 따로 있을 것이다. 내가 이에 원통하고 분한 바 있어 일찍 『조선 상식』한 권을 펴냈으니, 재갈과 굴레에 억눌려 마침내 세상에 물을 기회를 얻지 못하고 갑자기 대운大運이 일혁一革하여 그 공포公布에는 때를 헤아릴 필요가 있게 되었다.

이에 그 양을 감하고 그 문장과 표현을 쉽게 하고, 또 문답체로 간략하게 정리하였으되 각 상식에는 확실한 근거가 있고 그 제목마다 작은 뜻을 덧붙여서 조선의 눈을 덮는 안개를 헤치고 조선 마음의 형극을 다스리기에 도움이 되기를 바란다.

오호라, 눈을 들어 바라보는 산하여! 그것이 죄다 문장文章이라도 소경이면 어찌하며, 손끝에 닿는 사물이 저마다 소호韶濩: 중국 은나라 탕왕 때의 음악라도 귀머거리야 어찌하리오.

한갓 고국古國의 부활을 떠들지 말라. 그 전통의 멀고 깊고 또 아름다움을 분명히 아는 이만이 그가 조선 사람일 것이다.

27회 기미독립선언기념일

최남선

제1장 국호

조선이란 이름은 언제 생겼습니까?

조선이란 말은 언제부터 생겼는지 상고할 수 없을 만큼 아득한 옛날부터 있었습니다. 본래는 대륙의 동방에 있는 땅을 가리키는 이름으로서, 차차 그 땅에 사는 백성을 부르는 이름이 되고 다시 그 땅과 그 백성으로서 생겨난 나라를 나타내는 이름이 되었는데, 나라 이름이 된 것은 시방으로부터 4천몇백 년 전 단군께서 처음 우리나라를 만드실 때부터입니다. 그런즉 조선은 우리 땅과 백성과 나라를 가리키는 가장 오래된 이름입니다.

조선이란 무슨 뜻의 말입니까?

조선이라 함은 땅이 동방에 있어 날이 샐 때 햇볕이 맨 먼저 쏘이는 곳 이라는 의미를 나타내는 말입니다. 본래는 우리 옛말로 '첫'이란 말과 '샌다'는 말을 합하여 생긴 이름이었는데, 뒤에 한문이 들어오면서 소리도 같고 뜻도 비슷한 아침 조朝와 밝을 선鮮 두 자를 빌어다가 이 음을 기록하게 되었습니다.

조선이란 말이 몇 번이나 나라 이름으로 쓰였습니까?

단군께서 맨 처음 만드신 나라를 조선이라고 이름하신 뒤에 천년이 넘는 동안 단군의 자손이 임금 노릇을 하시고, 그 뒤를 이어서 '개아지'라는 성姓을 가진 집안이 들어서 또 천년쯤 임금 노릇을 하는데 이때에도 나라 이름을 조선이라고 일컬었습니다. 개아지 씨의 뒤를 이어서 80여 년 동안 임금 노릇을 했던 위만과 그 아들 및 손자 3대인데, 이 위씨도 나라 이름은 그냥 조선이라고 일컬었습니다. 그런 때문에 조선에 나라가 있어온 지 2천 년이 더 되는 장구한 세월 동안에 나라의 이름은 단지 '조선' 하나만으로 내려온 것입니다.

그러나 나라 이름은 마찬가지지만 그 임금 되시는 이의 주체는 같지 아니함으로써 이 구별을 밝히기 위하여 차례로 단군조선, 개아지조선, 위만조선이라는 딴 이름을 쓰며, 이렇게 수가 셋이기 때문에 3조선이라는 말도 씁니다. 위만조선의 뒤에 일어난 나라들은 부여니 고구려니 신라니 백제니 고려니 하는 새 이름을 제각기 만들어 쓰다가, 고려의 뒤에 일어난 이씨의 나라가 1천 500년간 숨겨 있던 옛 이름을 다시 끄집어내어 조선이라는 이름으로 500년 넘게 나라 노릇을 하니 이는 실로 네 번째의 일이요, 조선이란 이름이 어떻게 우리 마음에 깊이 박혀서 결코 잊어버려지지 않는 표적이 되는 일입니다. 이러한 관계가 있기 때문에 역사적 변천을 미루어 우리 강산과 우라 종족을 함께 합쳐 부를 때 쉬워서 조선이란 말을 씁니다.

대한大韓이란 말은 어떠한 내력이 있습니까?

옛날 조선반도의 북방이 개명하여 조선이라는 나라가 번듯하게 생겨 있었을 때 반도의 남방은 아직 아무것도 없는 채로 있었고, 그 땅에서 수많은 작은 마을들이 한 나라를 만들고 있었는데 이 작은 나라를 다스리는 어른은 '한'이라고 부르고, '한'이란 어른이 다스리는 나라라 하여 그 나라들을 무슨 한, 무슨 한이라고 불렀습니다. 한이라 함은 그때에 웃어른이나 큰 사람을 나타내는 말이었습니다. 이 '한'을 뒤에 한문으로 기록할 때에 '韓'이란 자를 빌려서 쓰고, 허다한 '한'의 나라가 있는 반도 남방을 한韓이라고 하게 되었습니다.

그런데 이 작달막한 한의 나라들이 사회가 발달하면서 차츰 한 방면에서 서로 단합하여 마침내 서쪽에서는 마한, 동쪽에서는 진한, 남쪽에서는 변한의 세 덩어리를 이루니, 이렇게 된 모양을 역사에서는 삼한이라고 일컬었습니다. 그런데 후세의 한문학자들은 우리나라를 문학적으로 너그럽게 변통하여 기록하는 때에 '한'이니 '삼한'이니 하는 말을 반도의 남방뿐만 아니라 조선의 온 나라를 가리키는 이름으로 넓혀 쓰기도 했습니다. 그래서 한이나 조선이 마찬가지로 우리나라의 문학적 이름이 되었습니다.

그런데 조선 말년인 고종 을미년1895에 조선이 청나라의 권력에서 벗어나 독립국이 되어서 2년 뒤 정유년1897에 나라의 모든 규모를 제국으로 고칠 때, 506년 동안 써오던 조선 이름을 버리고 새로 대한제국大韓帝國이라는 이름을 쓰기로 했습니다. 대한이라는 말은 한韓은 한이지만 옛날처럼 작은 한이 아니라 커다란 한이라는 뜻입니다. 이렇게 대한이라는 것은 두 글자가 합하여서 나라 이름이 된 것으로 결코 대명大明이나 대영大英처럼 높이는 의미로 대大자를 붙인 것이 아닙니다. 한국韓國이라 함은 실제 대한을 간단하게 부르는 것이었습니다.

요컨대 대한이니 한국이니 하는 이름은 조선의 왕이 황제 노릇을 한 14년 동안의 나라인 것입니다. 그리고 우리의 독립운동 시기에 대한이라는 이름을 그대로 쓴 것은, 일본의 새 제도를 모르는 체하고 옛 나라를 그대로 지키고자 하는 의지를 보여 온 것입니다.

서양각국에서 '코리아'와 또 그 비슷하게 부르게 된 이름들은 어떤 내력의 것입니까?

우리 조선을 영어로는 '코리아 Corea, Korea'라고 하고, 불어로는 '코레 Coree'라 하고, 독일어로는 '코레아 Korea'라 하고, 러시아어로는 '코레야'라고 하는 것은 대개 조선 역사상에 가장 강대한 나라인 고구려에서 나온 것입니다.

대체로 고구려는 동방에서 일어난 여러 나라 가운데 세력이 가장 강하고 문화 수준이 가장 높을 뿐만 아니라, 그 땅이 가장 서쪽에 있었기 때문에 고구려의 인상이 이웃 나라에 깊이 박히고 더욱 중국 사람들이 동방의 나라를 통틀어 '거우리'라고 부르게 되니, '거우리'는 고구려와 또한 그것을 간단히 부르는 '고려' 혹은 '구려'의 음을 쓴 것입니다. 먼 서방나라들은 중국 사람에게 '거우리' 이름을 들여다가 다시 '코레' 또는 '코리'라고 변형해 일컬으면서 뒤에까지 이어져 내려오고 있습니다.

지금 남아 있는 문헌으로는 지금부터 700년쯤 전에 프랑스 루이 왕의 심부름으로 몽골의 조정에 왔던 루브룩이라는 사람이 돌아가서 동방의 사정을 전한 가운데 "중국의 동쪽에 '카울레 Caule'라는 나라가 있더라"고 한 것이 가장 오래된 것입니다. 그 뒤 20년이 지나서 원나라에 와서 벼슬을 살다가 돌아가서 자세한 견문록을 저술하여 유명해진 이탈리아 사람 마르코 폴로의 책에는 '카울리Cauly'라는 이름으로 기록되어 있으니 대개 이 두 말이 오늘날 서양 각국에서 우리를 부르는 말의 시초라고 할 것입니다. 그네들은 원나라 수도에 많이 가 있던 고려 사람과 물건을 보기도 하고, 또 거기서 거우리'라는 이름을 많이 들었을 것입니다.

중국 말고 다른 이웃나라 사람들은 우리를 무엇이라고 불렀을까요?

이것저것 수다스러운 것을 번거롭게 말할 것은 없거니와 몽골에서는 우리를 '솔롱곳'이라 부르고, 만주 곧 여진 사람은 우리를 '솔호'라고 부르니 꼭 그렇다 할 수는 없으나 아마 신라라는 음이 변하여 생긴 말이 아닐까 합니다. 그리고 몽골과 여진에서는 조선이라는 말을 그대로 옮겨다가 '초한'이라고 부르기도 했습니다.

무궁화 나라라고 일컬음은 어떤 까닭입니까?

지금으로부터 2천 년에서 3천 년 전에 중국 사람이 『산해경山海經』이라는 지리책을 지었는데, 그중에 조선에 해당하는 곳을 '군자국君子國'이라고 이르고 "거기에 목근화木槿花가 많아서 아침에 피었다가 저녁이면 진다"는 말을 기록하고 있습니다. 목근화는 곧 무궁화입니다. 이 기록에 따라 우리나라를 군자국이라고도 하고 '근화지향槿花之鄕'이라고도 하다가, 짧게 '근역槿域'이라고 하게도 되었습니다. 아닌게아니라 조선에는 어디를 가든지 무궁화가 흔히 있으니까 무궁화의 나라라고 함이 이유가 없다고 할 수는 없습니다.

　또 무궁화는 꽃으로 가장 좋은 것일지는 모르겠으나 그 발그레한 고운 빛이 미인의 얼굴을 형용하는 데 쓰이는 것이며, 날마다 새 꽃이 피어 가면서 봄여름가을을 지내는 긴 시간 동안에 줄기차게 씩씩하게 피는 점이 왕성한 생명력을 나타내는 듯하여서, 나라를 대표하는 꽃 National Flowers으로 삼기에 부족한 점이 없다 할 만합니다.

진震이란 말은 무슨 뜻입니까?

진이라 함은 조선의 옛날에 동방東方을 가리키는 말이요, 한문에 있어서는 새봄에 우렛소리가 처음 울려 나오는 동북방을 의미하는 글이니, 어느 것으로나 광명과 생명을 나타내는 표상이 됩니다. 그러므로 고대의 정치철학에서는 거룩한 혁명가가 나타나 새로운 세상을 연 것을 본받은 신령님이 진의 방향에 나타난 것으로 비유하여 말하는 일이 있었습니다.

그러므로 동방에서 나라를 세운 사람 중에 진을 가져다가 나라이름으로 쓴 이가 여럿이었으니 고구려를 대신하였다고 자처한 발해국의 원래 이름이 진震이요, 역시 고구려를 다시 일으키겠다고 나선 태봉국의 처음 이름이 마진摩震이라 했던 것 등이 그것입니다. 그래서 동방에 있는 모든 나라를 통틀어 이야기할 때 진역震域이라는 말을 씀은 그 의미가 깊다고 할 것입니다.

청구 靑丘 라는 말은 무슨 의미입니까?

청구라는 것은 본래 동방 바다 밖에 있는 신선이 사는 세계의 이름이요, 또 하늘에 청구라는 별이 있어, 그 별이 조선 땅을 맡고 있다는 신앙 때문에 조선 땅을 청구라고 부르게 된 것입니다. 또 글자 뜻을 볼지라도 청靑은 5색 중 동방을 나타내는 빛이요, 구丘는 땅을 나타내는 말이니 청구는 곧 동방의 세계를 의미하게 생겼습니다.

동국東國, 해동海東, 대동大東은 무슨 뜻입니까?

옛날에는 다른 대륙을 알지 못하고 지금의 중국을 세계의 복판으로 생각하여서, 중국의 동방에 있는 곳이 곧 세계의 동방에 있는 것이라 하여 조선을 동국이라고 이르며, 또 중국의 옛날에는 바다라고는 보통 동방의 바다, 곧 지금 발해渤海나 황해黃海밖에 알지 못하였으므로 발해 또 황해의 동방에 있는 나라를 덮어놓고 해동이라고 이르며, 동방에 있는 크고 높은 나라라고 존경하는 의미로는 대동大東이라고 이른 것입니다. 지금의 지리 지식으로 말할지라도 조선이 아시아 대륙의 동쪽 끝에 있음이 사실이기 때문에 대동이라는 말은 그냥 써도 괜찮다 하겠습니다.

제2장 지리

조선의 지도상의 위치는 어떠합니까?

조선은 아시아 대륙의 동쪽 끝에서 북에서 남을 향하여 젖꼭지처럼 매달린 반도입니다. 반도라는 것은 물론 세 쪽은 바다에 싸여 있고 한쪽만이 육지에 닿아 있는 지형입니다. 지도상에서 만국이 공통으로 쓰는 정간#間[001]의 어느 금에 해당하느냐 하면, 반도만으로는 동경 130°41′22″부터 124°18′35″까지, 북위 34°17′16″부터 43°0′36″까지요, 도서島嶼를 넣으면 동경 130°56′23″부터 124°11′00″까지, 북위 33°6′40″로부터 43°0′36″까지입니다.

---

001 위도와 경도

우리나라 동서남북의 극단은 어디입니까?

반도에서는 극동은 함경북도 경흥군 노서면, 극서는 평안북도 용천군 용천면, 극남은 전라남도 해남군 송지면, 극북은 함경북도 온성군 유포면입니다. 여기에 도서를 넣어서는 극동은 경상북도 울릉군 독도, 극서는 평안북도 용천군 신도면 마안도, 극남은 제주도 대정면 마라도, 극북은 함경북도 온성군 유포면입니다.

조선 땅은 얼마나 됩니까?

조선의 반도 및 도서를 합한 면적은 대략 22만㎢이니 여러 나라 가운데 큰 나라는 아니지만 영국의 본토 24만 5천㎢에 비하면 조금 작을 뿐이요, 프랑스의 본토 55만 1천㎢에 비하면 절반보다 조금 작고, 이탈리아의 본토 31만㎢에 비하면 2/3정도 됩니다. 벨기에의 본토 3만㎢에 비하면 7배도 넘게 크기 때문에 결코 작다고만 할 수 없습니다.

일본은 약 38만㎢로 우리보다 한 배 반 정도 되며, 중국은 약 1천 110만㎢로 우리의 약 50배이며, 중국에서 만주만을 따로 뗀 면적은 약 142만㎢로 우리의 7배가 좀 못됩니다.

삼천리강산이라는 말에서 삼천리는 무엇입니까?

옛날에 서울에서 함경북도 끝에 있는 온성 고을까지 약 2천 리요, 서울서 전라남도 끝 해남고을까지 약 1천 리로 치니 이것을 합하여 삼천리라고 이른 것입니다. 그러나 조선의 대명사처럼 삼천리강산이라는 말을 함부로 쓰는 것은 마치 조선이 언제나 삼천리 안에 갇혀 있으란 것 같으니 아무쪼록 그런 말을 쓰지 않는 것이 좋습니다.

조선의 폭원輻圓:폭과 둘레 은 얼마나 될까요?

조선 땅의 둘레를 잰 거리는 대략 1만 리가 된다고 일러 옵니다. 곧 함경북도 경흥 끝에서 경상남도 기장 끝까지의 동해안이 3천 615리요, 경상남도 동래로부터 전라남도 영암까지의 남해안이 1천 80리요, 전라남도 해남으로부터 경기도 통진시방 김포 까지 서해안 남쪽의 반이 1천 600리입니다. 통진의 조강목부터 평안북도 의주 압록강 끝까지 서해안 북쪽의 반이 1천 686리로서 동남서 삼해三海 의 연안을 휘도는 길이가 총계 8천 43리요, 여기 압록강 가장자리 2천 303리와 두만강 가장자리 844리의 합 2천 877리를 넣으면 모두 1만 920리라는 계산이 나옵니다.

그런데 최근의 실측을 따르면 조선반도 본토의 해안선 연장延長이 8천 693km, 압록강 유로流路 연장이 790km, 두만강은 520km로 합하여 총 1만 3km인데 이것을 '리'1리는 약 0.3931km 로 치면 대략 2만 4천 리나 됩니다. 이 실측은 해안선이나 강물이 흐르는 물의 꼬불꼬불한 것을 세세히 계산한 것이라서 오히려 실제 거리에 멀고, 그 직선 둘레는 역시 예부터 일러오는 만 리라는 말이 비슷하다 할 것입니다.

해안선의 자세한 것을 들려주시오.

조선은 남북으로 기다랗게 내민 반도이기 때문에 세 쪽으로 해안선이 많이 깁니다. 대강 보면 반도의 해안선 연장이 총 8천 693㎞인데, 동해안이 1천 727㎞ 남짓, 남해안이 2천 246㎞ 남짓, 서해안이 4천 719㎞요, 도서를 합한 해안선은 총 1만 7천 269㎞에 이르니 이것을 면적에 대한 비례로 보면 거의 3제곱리마다 1리의 해안선이 있는 셈입니다. 세계에서 해안선 길기로 유명한 그리스와 노르웨이도 면적 5제곱리마다 해안선이 1리이고, 세계제일의 해운국이라 하는 영국 역시 5제곱리마다 1리밖에 되지 않음에 비하면 조선은 실로 세계에서 제일 해안선이 긴 땅이라 할 것입니다.

조선의 섬은 몇이나 있습니까?

조선의 세 쪽은 바다요, 바다 위에는 크고 작은 무수한 섬이 있으니 그 가운데 둘레가 300m가 되는 것만을 쳐도 약 3천 300개나 됩니다. 섬이 깔려 있는 형편을 살피면 동해상에는 불과 170개 밖에 못되고, 남해상에는 전체의 약 2/3인 2천 200여 개가 있습니다. 가장 총총 깔린 서남쪽에는 다도해라는 이름이 있고 서해상에는 약 900개가 흩어져 있습니다. 그중 동해의 울릉도, 남해의 제주도, 서해의 강화도를 3대 섬이라고 합니다.

조선반도를 지리상으로 구분하는 이름은 무엇 무엇입니까?

지세地勢가 생긴 대로 학문적으로 구분하는 법에 두 가지가 있는데 하나는 원산으로부터 엇비슷하게 인천에 이르는 가로로 있는 골창골짜기, 계곡을 경계로 하여 그 이북은 북선이라 하고 이남을 남선이라고 합니다.

또 하나는 반도의 북에서 남으로 향하여 높고 큰 산맥이 세로로 뻗어 내려간 것을 경계로 하여 그 서쪽의 평안, 황해, 경기, 충청, 전라, 경상의 여러 도를 표表조선이라 하고 그 동쪽의 함경, 강원 양도를 이裏조선이라고 합니다. 반도를 이렇게 가로와 세로로 나눔은 다 이유가 있습니다만 여기에 그것을 자세히 말할 것은 없습니다.

그리고 보통으로 쓰는 상식적 구분은 대개 함경도를 북선, 평안·황해도를 서선, 경기·충청·강원도를 중선, 전라·경상도를 남선이라고 하는 4분법입니다. 옛날에는 황해·평안도를 양서兩西라 하고 충청·전라·경상도를 삼남三南이라고 했는데, 이 말도 또한 흔히 쓰이고 있습니다.

조선의 행정상 지방구획은 어떠한 변천이 있었습니까?

신라 이전은 그만두고 그 이후만을 대강 말씀하건대 신라가 백제와 고구려를 합병하여 대동강 이남의 땅을 판도에 넣어 나라 안을 9주로 나눠서, 대체로 지금 경상도 방면에는 상주, 양주, 강주를 두고 전라도 방면에는 전주, 무주를 두고 충청도 방면에는 웅주, 경기도 방면에는 한주, 강원도 방면에는 삭주, 명주를 두고 그 아래 군현 郡縣 을 배당하였습니다.

고려시대에는 여러 번 변천이 있었지만 오랫동안 따른 제도는 '5도 양계 五道兩界'라는 것입니다. 5도는 곧 양광 지금의 경기, 경상, 전라, 교주 지금의 강원, 서해 지금의 황해 요, 양계는 동계 함경 방면, 서계 평안 방면 입니다.

고려 말부터 조선 초에 걸쳐서 비로소 동북에서는 두만강까지, 서북에서는 압록강까지를 다 들어 우리 땅을 만들고, 그 이남을 8도로 나누어 함경, 평안, 황해, 경기, 강원, 충청, 전라, 경상이라 합니다. 경상, 전라의 둘은 고려시대 전의 이름을 그대로 쓴 것이고 그 나머지는 새로 정한 것입니다. 8도의 구획은 500년 동안 그대로 쓰다가 조선 말 고종 병신년 1896 에 그 땅이 넓은 함경, 평안, 충청, 전라, 경상 다섯 도는 각각 남북 둘로 쪼개어 오늘도 쓰는 13도 제도가 이때 생졌습니다. 그러나 실상은 옛날 8도를 그대로 두고 약간 변동한 것에 그쳤기 때문에 아직도 조선팔도라는 말이 다반사로 쓰이되 어색하지 아니 합니다.

각 도道의 이름은 어떻게 지은 것입니까?

함경도는 함흥과 경성의 머리글자를 딴 것이요, 평안도는 평양과 안주의 머리글자를 딴 것처럼 다른 모든 도의 이름도 다 각각 그 도 안에서 으뜸가는 고을 이름의 한 자씩 떼어서 지은 것입니다. 다만, 경기는 수부首府:서울를 모시는 특별지구라고 하는 뜻으로 따로 이렇게 부르는 것입니다.

도道라는 말은 무슨 뜻입니까?

도는 무슨 방면으로 나가는 길이라는 뜻인데 이를테면, 함경도라 함은 함흥과 경성 쪽으로 나가는 길이요, 경상도라 하면 경주와 상주 쪽으로 나가는 길입니다. 바꾸어 말하면 도는 곧 방향이라고 하는 셈입니다.

고을의 변천을 대강 말씀하여 주시오.

옛 조선에서는 땅 이름도 우리말이거니와 땅을 무더기로 부르는 이름도 또한 우리의 고유한 말이었습니다. 이를테면 사람이 가장 많이 모여 사는 곳을 '고불'이라 하고, 그보다 작은 것을 '불'이라고 하고, 더 작은 것을 '마을'이라 하고, 더 작은 것을 '물'이라 했던 것입니다. 지금 고을이라는 말은 옛날 '고불'이라는 것이 변한 것입니다.

또 한문이 들어오고 나서 지명과 지방의 칭호가 차츰 한문으로 고쳐지는 동시에 그 땅의 형편과 그곳 인구의 많고 적음을 따라서 주州와 부府, 군郡과 현縣을 구별하였습니다. 주와 부는 대개 동등하고, 주부 아래에 군이 딸리고 군 아래에 현이 딸리게 되었습니다. 조선왕조의 제도로 말하면 부에는 부윤府尹, 혹 부사府使라는 원을 두고 주에는 목사牧使라는 원을 두었으며 군에는 군수郡守, 현에는 현령縣令 혹은 현감縣監이라는 원을 두어 상하의 계급을 정했었습니다. 고종 을미년1895에 지방제도를 개혁할 때 주부군현을 전부 군으로 하고, 그 원도 똑같이 군수라고 일컬어 버렸습니다.

조선의 산에 수효가 얼마나 있다 하겠습니까?

조선은 세계에 손꼽는 산악국이기 때문에 비행기 같은 것을 타고 공중에서 내려다본다고 하면 온 나라 안이 콩 멍석을 편 것 같아서 그 수효는 이루 헤아릴 수 없다고 하겠지요. 그러나 어떠한 표준을 가지고는 수효를 말할 수 있습니다. 이를테면 그 전 토지조사 때의 결과를 보건대 원래 높은 산이 많은 함경도와 평안도에서는 실제 높이가 1천m 이상 되는 것과 다른 도에서는 500m 이상 되는 산과 봉우리를 추린 것이 대강 3천 개 가량 됩니다.

조선에서 가장 높은 산이 어딥니까?

첫째 백두산白頭山이요, 둘째 관모산官帽山이요, 셋째 설령雪嶺인데 모두 함경도에 있으며 이 밖에도 함경도에는 이와 비슷한 높은 산이 수북하고 특히 관모산2,451m을 중심으로 하여 북으로 도정산2,201m, 입석산1,982m, 남으로 올산봉2,277m, 도봉2,334m, 설령2,442m 이하 2천 미터 이상의 산악이 72개나 되는 장백산맥長白山脈[002]은 천부웅성天府雄城이 빽빽하게 들어차 나열한 것 같아서 장엄한 광경입니다. 근래 여기를 '조선의 알프스'라고 일컫고 주을朱乙 온천 계곡을 등반 입구로 하여 반도에 있는 산악 등산의 왕자적王子的 코스로 삼는 풍습이 있습니다.

---

002 백두산의 장백산맥과 구별하기 위하여 소[小]장백산맥이라고도 한다.

조선에서 대표적 명산을 말하자면 어디 어디라 하겠습니까?

옛날에 8도 산맥의 시조가 되는 산이라 하고 12종산을 표로서 보이면 아래와 같습니다.

이름	위치	높이	비고
삼각산 三角山	경성의 북방 일명 북한산	836m	오악 五嶽의 중 中 악
백두산 白頭山	함경남북도 및 만주와의 경계상	2,744m	오악의 북 北 악
원 산 圓山	함북 길주와 함남 단천 사이	2,309m	
낭림산 狼林山	평남 영원과 평북 희천 사이	2,014m	
두류산 豆流山	평남 양덕과 함남 문천, 덕원 사이	1,324m	
분수령 分水嶺	강원도 평강의 북서	1,128m	
금강산 金剛山	강원도 양양과 고성 사이	1,238m	오악의 동 東 악
오대산 五臺山	강원도 강릉과 정선, 평창 사이	1,563m	
태백산 太白山	강원도와 경상북도 사이	1,561m	
속리산 俗離山	충북 보은과 경북 상주 사이	1,057m	
장안산 長安山	전북 장수	1,237m	
지리산 智異山	경남과 전남과의 경계	1,915m	오악의 남 南 악

12종산 외에 크게 드러난 명산名山 몇은 아래와 같습니다.

이름	위치	높이	비고
묘향산妙香山	평북 영변과 희천 사이	1,909m	오악의 서악
한라산漢拏山	제주도	1,950m	
구월산九月山	황해도 은율과 신천사이	954m	
칠보산七寶山	함북 명천	744m	
설악산雪嶽山	강원도 인제와 양양 사이	1,708m	

4대 명산이란 것은 무엇입니까?

조선의 동서남북 사방에서 경치로 대표되는 명산을 뽑아서 동에는 금강산, 남에는 지리산, 서에는 구월산, 북에는 묘향산을 4대 명산이라고 일컫는 일이 있습니다. 이 4대 명산을 두루 본 다음 마지막으로 묘향산에 들어가 살았던 서산대사西山大師라는 이가 이 4대 명산의 우월을 정하기를 가로되 '금강은 빼어나긴 하지만 웅장하지는 않고 지리는 웅장하긴 하지만 빼어나지 않고 구월은 빼어나지도 웅장하지도 않은데 묘향은 빼어나기도 하고 웅장하기도 하다'[003]고 하였다는 말이 널리 돌아다닙니다.

---

003 금강은 수이부장[秀而不壯]하고 지리는 장이불수[壯而不秀]하고 구월은 불수부장[不秀不壯]한데 묘향은 역수역장[亦秀亦壯]하니라.

조선에서 대표적 대천大川이라고 할 것은 어디 어디이겠습니까?

옛날에는 5대강이니 9대강이니 12대수大水니 하던 것도 있지만 이것보다는 근래의 하천 이름으로 중앙에서 직접 관리하기로 한, 이른바 직할 하천 20개를 대표로 꼽는 것이 적당합니다. 그것을 표로 보면 다음과 같습니다.

하천명	위치	유역면적㎢	유로연장㎞	주벌구역㎞
압록강 鴨綠江	조만 朝滿 서부국경	62,639	709	989
두만강 豆滿江	조만동부국경	41,243	521	303
한강 漢江	강원, 충북부터 경기중부관통	34,473	482	302
임진강 臨津江	한강 지류 支流	8,118	254	138
낙동강 洛東江	경상남도관통	23,860	526	410
대동강 大同江	평남의 대동맥으로 황·평 분계	20,136	431	395
재령강 載寧江	대동강 지류	3,671	129	81
금강 錦江	충청남북대동맥으로 충·전 분계	9,886	402	145
청천강 清川江	평안남북의 분계 分界	9,778	213	157
대령강 大寧江	청천강 지류	3,635	150	69
섬진강 蟾津江	전라도동맥으로서 경·전 분계	4,897	212	62
예성강 禮成江	황해, 경기의 분계	4,049	174	53
용흥강 龍興江	함남 영흥	3,397	135	21
영산강 榮山江	전남 나주평야의 동맥 動脈	2,798	116	60
성천강 城川江	함남 함흥평야의 동맥	2,338	99	
북청남대천 北青南大川	함남 북청	2,056	67	
안성천 安城川	경기, 충남의 분계	1,722	76	31
삽교천 插橋川	충청 내포지방의 동맥	1,619	61	29
만경강 萬頃江	전북평야의 한 동맥	1,602	99	37
형산강 兄山江	경남영일	1,167	62	
안변남대천 安邊南大川	안변평야의 동맥	1,162	82	
동진강 東津江	전북평야의 한 동맥	1,034	45	
수성천 輸城川	수성평야의 동맥	888	67	

조선에서 유명한 평야는 어딥니까?

조선은 산악국이라고 하는 만큼 큰 들은 물론 없습니다. 그 중에 3대 평야라고 하는 것이 전북평야, 재령載寧평야, 함흥咸興평야입니다. 전북평야는 금만경金萬頃 벌을 중심으로 하여 수백 리에 뻗치고, 재령평야는 나무릿벌을 중심으로 하여 백여 리에 뻗치니 다 한 나라의 곡창이 되는 곳이며, 함흥평야는 위의 두 곳만은 못하지만 북도를 대표하는 큰 벌입니다.

호수는 어디를 들어 말하겠습니까?

조선에는 제법 큰 호수는 없다함이 옳습니다만 강원도에서 함경도에 걸친 동해안 군데군데에 비교적 크고 유명한 호수가 더러 있습니다. 크기로 말하면 함경남도 정평군과 함주군 사이의 도련포都連浦 옆으로 생긴 광포廣浦가 길이 30리, 둘레 70리이며, 함북 경성군 장자長者 늪[004]이 길이 15리요, 둘레 60리로 우리나라에서 으뜸입니다. 경치로 말하면 강원도의 강릉군 경포鏡浦와 고성군 삼일포三日浦가 예부터 글과 노래, 그림에 들어서 세상에 모르는 이가 없을 만큼 유명합니다. 그러나 수리관계水利關係로 근래에 물을 끌어들여 만든 함경남도의 부전호赴戰湖, 익산의 요교호腰橋湖, 삭주의 수풍호水豐湖 등은 그 전의 천연 호수보다 훨씬 크게 생겼습니다.

---

004 장연호[長淵鄕]라고도 한다

조선의 기후는 어떻다고 하겠습니까?

조선반도는 서북으로 대륙의 영향을 받기 때문에 지구에 우리와 나란히 있는 다른 지방에 비하면 추위나 더위가 심한 편입니다. 대체로 겨울이 길고 여름이 짧으며 봄과 가을은 아주 잠깐밖에 안 됩니다. 극한極寒기는 1월 중이요, 극서極暑기는 8월 중입니다.

조선에서 제일 추운 곳은 압록강 상류의 갑산甲山 장진고원長津高原인데, 1월 중의 평균기온이 영하 20도를 넘고 극한기온은 중강진에서 영하 41도 6분, 혜산진에서 영하 42도, 장진에서 영하 43도 3분의 기록이 있습니다. 제일 더운 곳은 경북의 평야와 원산 부근이니 원산은 39도 6분까지 올라간 것이 최고 기록이요, 다음은 대구의 39도 2분인데 대구는 37도 내외로 오르는 것이 거의 해마다 있는 일입니다. 경성서울에서는 극한이 영하 22도, 극서가 37도가량이나 이는 어쩌다가 있는 일입니다.

삼한사온 三寒四溫이라 함은 무슨 말입니까?

겨울에 추위가 이어지지 않고 며칠 추웠다가 며칠 풀리기를 되풀이하는 현상을 속담에 삼한사온이라고 이릅니다. 그 이유는 시베리아 방면의 고기압이 커져서 북풍이나 북서풍이 세지면 그 서슬이 미쳐 와서 추웠다가, 그 반대로 고기압이 약해져서 바람이 자거나 저기압이 몽고 방면에서 생겨서 남으로 치우치는 바람이 불면 그 덕에 추위가 풀리는 것입니다. 꼭 사흘이 춥고 나흘이 따스해지는 것이 아니라 7일 내외에 추웠다가 풀렸다가 함이 보통이며, 이 현상이 분명하지 못한 해에는 무서운 추위를 당했다는 소리가 나는 것입니다.

장마란 무엇입니까?

조선은 비가 많이 오는 땅이 아니지만 대체로 필요한 분량만큼은 온다고 할 수 있습니다. 그리고 그 오는 것이 겨울 동안에는 아주 적고 여름 동안에 치우쳐 많이 오니, 지방에 따라서 약간 늦고 이름은 있어도 대체로 6~8월 석 달이 비가 많이 오는 기간이어서 평균하여 1년 내 오는 비의 2/3가 이 동안에 오고, 어떤 때는 거의 10분의 7, 8이 이 동안에 몰아서 오기도 합니다.

여름 동안에 여러 날 두고 퍼붓는 비를 장마라 하여 사람들은 괴로워하지만, 실상은 곡식이 한창 자라는 시기에 비가 잦고 또 많아서 농업에는 크게 도움이 됩니다. 아니 조선의 벼농사는 이 장마가 지는 덕으로 지어 나가는 것입니다.

높새란 것은 무엇입니까?

7, 8월 벼가 한창 패어 열매를 맺을 때에 강원도의 영서 지방에서 경기도 지방으로 동풍이 계속하여 불고, 일기가 깨끗하여 벌써 가을이 닥쳐왔나 하는 느낌을 주는 현상이 있습니다. 심하고 심하지 않은 정도의 차별은 있으되 어느 해고 이 바람이 안 불지는 아니 합니다.

  이 현상은 영동의 동해상에 고기압이 있고 경기도의 서해지방에 저기압이 있게 되면 바삭바삭한 바람이 태령을 넘어서 서쪽으로 불어오는 것이니, 이 동안에는 날이 후덥지근하고 날씨가 깨끗한 것이 특색입니다. 바람의 세기는 대단치 않으나 메마른 기운이 곡식을 해롭게 하여 심하면 파란 채로 말라 죽이기에 이름으로써 농가에서는 이 바람을 크게 꺼립니다. 이 바람을 높새라고 이릅니다.

제3장 물산

조선의 자원은 어떻습니까?

조선은 반도국이기 때문에 육지와 바다의 물산을 겸비하고 있습니다. 육지에는 기후의 변화가 있어 동물, 식물의 종류가 비교적 많고 바다에는 한류와 난류가 엇바뀌어 흐르므로 어족이 풍부합니다. 지하자원에는 금, 은, 철, 탄은 물론이요 흑연, 중석과 희귀광물까지 골고루 있어서 가짓수로는 거의 남부러울 것이 없습니다만 수산물 한 가지 외에는 생산되는 양이 많지 못한 것이 유감입니다. 이를테면 영국의 철과 석탄, 미국의 석유와 철처럼 많이 나서 크나큰 공업을 일으킬 만한 자원을 갖지 못한 것은 국력을 부강케 하기에는 일대 결점입니다.

다만, 강토가 좁지만 모든 물자가 고루 나서 한 나라의 살림을 하기에는 큰 곤란이 없음은 그런 중 다행이라 할 것입니다. 그러나 세계상에는 이만도 못한 국토를 갖고도 산업건설에 노력하여 세계에 내로라하는 나라가 많이 있으니 우리도 깊은 연구와 많은 노력으로써 이용할 수 있는 모든 자원을 한껏 활용하여 농림農林, 광공鑛工, 수산水産과 각 방면으로 위대한 업적을 나타내지 않으면 아니 됩니다. 개인이고 민족이고 국가고 간에 가장 큰 부끄러운 것은 구차한 것입니다.

조선에는 얼마나 많은 동물이 삽니까?

조선은 지형이 길고도 변화가 많은 까닭에 동물의 수가 퍽 많은 편입니다. 척추동물이 모두 871종, 59아종亞種 가운데 포유류바다동물 포함 89종 4아종, 조류 350종 48아종, 파충류 21종 3아종, 양서류 11종 4아종, 어류 412종이 있습니다.

이 척추동물이 모두 930종류 가운데 아직 조선의 특산이라고 할 수 있는 것이 85종이니 '조선 호랑이'가 그 하나입니다. 곤충류는 900여 종, 연체동물은 100여 종이 조사에 들었는데 이 방면은 앞으로 차차 더 발견되리라고 생각됩니다.

조선의 식물 수는 얼마나 됩니까?

시방까지 확인된 조선식물의 총수는 160과科 883속屬에 드는 3천 70종 555아종이 있는데 그 가운데 특산식물이라 할 것은 5속 500여 종입니다. 그리고 나무와 풀을 구별하건대 나무가 풀보다 적어서 900종밖에 되지 않습니다.

조선의 광산 상태는 어떠합니까?

조선에서 발견된 광물은 280여 종을 헤아리고 그 가운데 유용광물이라 할 것만이 140종을 넘습니다. 근래에 긴박한 요구에 응하여 희귀광물이 계속 발견되어 세상의 주목을 끌었습니다.

   조선 광물 중에 생산되는 양도 많고 중요성이 큰 것은 금, 철, 석탄, 흑연인데 이것을 조선의 4대 광물이라고 말합니다. 그 다음에는 동, 납, 아연, 중석, 규사, 고령토 등이 모두 상당히 나고 있습니다. 이러한 모든 광물은 거의 조선 전체에 걸쳐서 두루 산출되지만 금, 철, 석탄 등은 황해도, 평안도, 함경도 등 이른바 서북 5도에 치우쳐 많이 분포되어 있습니다.

조선의 쌀에 대하여 말씀하여 주시오.

조선은 어디든지 농업에 적당하여 예부터 농업국으로 내려오고, 가히 개간함직한 땅은 진작 경지화하여 산악국인 조선에서 경지의 면적에 대한 비례가 중부지방에 약 3할, 남부지방에 약 2할, 북부지방에 약 1할에 달하며 전 인구의 8할 이상이 농민에 속하는 형편입니다. 모든 경지의 3할 6푼이 논인데 기후와 모든 조건이 논농사에 맞고, 또 농민도 거의 전력을 여기에 집중하다시피 하므로 쌀이 농업생산액 중의 첫 자리를 차지하고 있습니다. 쌀의 산출이 평년에는 약 2천 500만 섬 가량이 되고 근년에는 3천만 섬을 표준으로 하여 증산 계획을 진행하고 있었는데, 수리 설비가 좀 더 완전해지고 비료 생산이 제대로 되면 아마 이만한 정도는 어려운 일이 아닐 듯도 합니다. 이 가운데 2/3는 우리가 잡곡을 섞어 소비하고 1/3을 일본을 주로 하는 외국에 팔 수 있는데, 이밖에 시원한 수출품을 갖지 못한 조선으로서는 이만한 분량을 수출함이 국가경제상 절대로 필요한 일입니다. 그래서 우리는 앞으로 누가 시키기를 기다릴 것 없이 힘껏 쌀을 증산하고, 또 그 소비를 절약하여 외국에서 생활상 절대 필수품을 사들이는 밑천으로 삼아야 할 것입니다.

면화棉花에 대한 이야기를 들려주시오.

면화는 본래 인도 저쪽에 나는 것으로서 당나라 때 처음 중국으로 들어왔으나 많아 퍼지지 못하고, 원나라 때 이르러 널리 사방에서 재배하게 된 것입니다. 조선에는 고려 말년에 중국에서 전해 와서 경상도 단성에서 재배를 시작하여, 조선 초에 걸쳐 북쪽 추운 곳을 빼고 전국 각지에 보급하게 되었습니다. 그 전 면화는 섬유가 굵고 짧으며 탄력이 세어서 특별한 데 쓰기에는 좋으나 실이 많이 뽑히지 않고 품질이 또한 아름답지 못했습니다.

그러나 근래에는 열매가 많이 열리고 섬유도 가늘고 길어서 방직용에 적합한 미국산 육지면陸地棉을 갖다가 국내에 보급시켰습니다. 이전에는 기후 관계로 육지면이 잘 안 된다고 하던 황해도, 평안도, 강원도에도 품종 및 재배법을 개량함으로써 육지면의 경작에 성공하여 진실로 큰 성적을 거두게 되었습니다. 그리하여 재래면은 갈수록 줄어서 얼마 남지 아니하고 차츰 육지면의 전성시대를 나타내고 있는데, 시방은 연산액 2억 2천 근 중에 재래면이 400만 근으로 되어 있습니다.

조선인의 주된 옷감은 아직 광목廣木이라고 할 수밖에 없고 또 남는 것이 있으면 중국 방면에 무한한 무역 시장을 놓고 있기 때문에 면화는 얼마를 생산하여도 많은 줄을 모를 것인데, 아직은 우리에게 소용되는 양조차 생산하지 못하고 미국과 인도로부터 적지 않은 분량을 사 와야 하니 우리가 면화 방면에도 큰 힘을 쓰지 아니하면 아니 됩니다.

인삼人蔘에 관한 말씀을 듣고 싶습니다.

인삼은 기사회생하는 신약神藥으로 믿는 것인데 세계에서 그 산지가 중국 북방, 만주, 조선에 한하고 그중에도 조선에서 나는 것이 가장 좋은 상품으로 일러 옵니다. 근래에 일본과 미국에서도 이것을 재배하지만 그 성과가 도저히 조선 것을 따르지 못합니다. 옛날 조선에도 국내 어디서고 자연생의 삼이 많아서 1년에 수만 근을 채취하여 이것을 주고 일본에서 은과 동을 사다가 그대로 중국에 팔아 이문을 남기기도 하고, 또 이것을 주고 중국에서 생사나 주단을 사다가 그대로 일본에 팔아 또 이문을 남기는 식의 국제무역을 했습니다. 그래서 수백 년 동안의 조선 경제의 바탕에는 거의 인삼이 버티고 나왔다고 해도 과언이 아니었습니다.

그런데 원채 마구 채취하고 남용한 결과 영조시대에 이르러 자연삼이 차츰 모으기 어려워져 전라, 경상의 남도지방에서 씨를 뿌려 인공으로 기르는 법이 행해졌고, 나중에는 개성에서 이를 시험 재배하여 가장 좋은 성적을 냈습니다. 이때부터 개성의 인삼업이 일취월장하여 드디어 인삼의 대표적 산지가 되면서 고려인삼의 이름을 천하에 널리 알렸습니다.

삼에는 여러 가지 구별이 있지만 개성삼은 대체로 백삼과 홍삼 두 가지로 나눕니다. 백삼이란 흙에서 캔 삼을 그대로 말린 것이요, 홍삼이란 그것을 가마에 넣고 쪄서 붉은빛이 나게 한 것입니다. 무릇 삼은 모를 부어 옮겨 심은 지 5년째 되는 것, 즉 6년근을 그해 9월과 10월 사이에 밭에서 캐내어 말립니다. 그중에 가장 좋은 것을 골라 홍삼을 만들고 거기에 합격하지 못한 것은 백삼으로 하니, 홍삼은 중국 수출을 하는 것으로서 정부의 전매에 속하여 국내에서는 쓰지 못하고 백삼만이 시중에 나와 자유로 매매됩니다. 이 홍삼을 만드는 원료를 얻으려고 경기도에서는 개성, 장단, 황해도에서는 금천, 서흥, 평산, 봉산, 황주, 수안, 평안남도의 중화 등 3도9군이 인삼 특별구역으로 지정되고 이 구역 안에서 재배 육성한 6년근과 7년근 삼을 모아 표준에 맞는 것을 골라내어 여러 가지 복잡한 공정으로써 엄밀히 홍삼을 만들어 냅니다.

그러므로 중국시장에 있는 홍삼 신용은 절대적이며 그 값도 몹시 비쌉니다. 또 중국 시장에서는 일반적으로 고려인삼의 가치가 다른 것에 비하여 단연히 높아서 보통으로 화기

삼花旗蔘: 미국삼의 약 5배, 동양삼東洋蔘: 일본삼의 약 10배, 관동삼關東蔘: 만주삼의 약 15배가 표준이 된다고 합니다. 특별경작구역 이외의 인삼 산지로는 충북의 단양, 경북의 풍기, 충남의 금산, 전남의 동복同福 등이 가장 저명하고 그 품질은 도리어 개성산 이상이라고 이릅니다.

조선에서는 어떠한 과실이 많이 생산됩니까?

조선은 대개 봄, 가을이 메마르고 여름에는 흐린 날이 많고 비가 흔하여 과수의 생육에 적당하며, 토질 또한 그 재배에 맞음으로써 각종의 과수가 널리 재배되고 있습니다. 특별히 평과苹果:사과를 재배하는 과수원이 남북각지에 많습니다. 그 가운데 남방에서는 대구와 삼랑진, 북방에서는 황주, 진남포와 원산, 함흥 등이 다 평과의 명산지로 품질이 우수하고 생산량이 많아서 중국, 시베리아, 남양 일부로 수출하는 양이 날로 늘어 상해上海시장에서는 유명한 미국의 우량종을 압도하기에 이르렀습니다. 평과 이외의 개량 과종에는 삼랑진의 배, 성환成歡의 참외, 소사素沙의 수박 등이 기호가의 침을 자아내는 것들입니다.

옛날 조선에서 유명하게 치던 과일 종류를 들려주시오.

300년 전 허균이란 사람이 지은 『도문대작屠門大嚼』이란 책에는 강릉의 천사리天賜梨, 정선의 금색리金色梨, 평안 도산군의 현리玄梨, 석왕사의 홍리紅梨, 곡산 이천谷山伊川 등 산골짜기의 대숙리大熟梨: 문배, 제주의 금귤金橘, 감귤柑橘, 청귤靑橘, 유감柚柑, 감자柑子, 유자柚子, 감유甘榴, 온양의 조홍리早紅梨, 남양의 각시角柿, 지리산의 조시鳥柿, 상주의 소율小栗, 밀양과 지리산의 대율大栗, 지리산의 죽실竹實, 보은의 대추, 저자도의 앵두, 경성 서쪽 교외의 살구, 삼척과 울진의 자두, 춘천과 홍천의 황도, 경성 서쪽 교외의 녹이綠李, 시흥과 과천의 반도盤桃, 전주의 승도僧桃, 신천 윤씨가家의 포도, 충주와 원주의 수박, 의주의 참외, 예천의 모과, 갑산의 산딸기 등이 유명하다고 적혀 있습니다.

그러나 속담에 싹싹한 비유로 쓰는 봉산참배[005]와 세상에 모르는 사람이 거의 없는 무등산無等山 수박도 빠진 것처럼 이 책에 적은 것은 다만 허균이 먹어 본 것에 그치니 조선 전국의 특산을 말하자면 이 밖에도 퍽 많은 것이 물론입니다.

---

005 봉산에서 나는 배가 맛이 좋다고 해서 생긴 말로 성품이 싹싹한 사람을 봉산참배 같다고 한다

감귤류는 조선 어디 됩니까?

풍토 관계로 감귤의 종류가 조선에서는 제주밖에 생산되지 않는데 그 대신 제주에는 이것저것 36종의 감귤이 있다고 이르며, 그 가운데 청귤青橘과 병귤甁橘은 제주의 특산임을 근래 식물학자가 말하고 있습니다. 옛날에는 제주를 외국 비스름하게 알고 매년 겨울에 제주 사람이 감귤의 공물을 가지고 경성에 이르면, 조정에서는 원방 사람의 이런 성의는 국가의 경사라 하여 황감제黃柑製라는 특별한 과거를 보았을 정도로 그만큼 감귤을 귀중하게 여긴 것입니다. 감귤 가운데 탱자만은 제주 이외의 전라남도 해안 지방에 더러 생성하는 모양입니다.

조선에서도 차茶가 납니까?

차는 인도 원산의 식물이요, 그 떡잎을 따서 달여 먹는 버릇도 본래 남방에서 시작한 것인데, 중국에서는 당나라 때부터 차가 성행하여 거의 천하를 풍미하였습니다. 신라 제27대 선덕왕 시대에 차가 이미 전래하여 일부에서 행하다가, 제42대 흥덕왕 3년에 당에 갔던 사신 대렴이 차와 씨앗을 얻어 와 지리산에 심게 하면서 먹는 풍이 부쩍 성하여졌습니다.

고려를 지나 조선왕조에 들어오면서 차 먹는 습관이 차츰 줄고 다른 데서는 잊어버리게 되었지만 지리산 근처에는 차의 기호가 그대로 남아 있었습니다. 따라서 그 생산도 끊이지 않았으며 지리산으로부터 퍼져 나와서 전라도 각지에 차가 두루 재배되고 대둔산大芚山, 백양산白羊山, 선운산禪雲山 등은 지금도 차의 산지로 널리 들렸습니다. 그러나 정제精製와 저장에 관한 기술에는 이후 분발해야 할 일이 많습니다.

조선의 담배 이야기를 들려주시오.

담배는 본래 미주 열대지방 토인土人의 기호품으로 지금부터 450년쯤 전에 유럽으로 전하여, 그 뒤 100년 동안에 다시 중국 일본 조선 등지로 퍼져 조선에는 광해군 초년 1609 에 일본에서 전래하여 수십 년 못 되는 동안에 전국에 퍼졌다 합니다. 전래하는 당초부터 재배를 시작하니 흙의 성질이 맞아 아무 데나 잘 되고 풍미 좋은 명품이 여기저기서 나왔습니다.

이를테면 평안도가 일반적으로 담배를 재배하기 좋은 땅이었기 때문에 '서초西草'가 좋은 담배이름이 되는 가운데 성천초, 양덕초, 삼등초가 더욱 유명하고 전라도의 진안초, 황해도의 곡산초, 경기도 광주 남한산성의 금광초 등이 전국에 소문이 났습니다. 또 평안도의 담배는 국내뿐만 아니라 일찍부터 만주민족 사이에 그 성가聲價가 알려져서 그네들에 대한 무역품의 하나가 되고, 그 전에 북경北京으로 사신이 다닐 때에는 큰 도로가에 서 있는 관민에게 환영받는 선물이 되었습니다.

그러나 연초 전매제도를 실시하는 동시에 경작을 집중적으로 제한하고 품종을 획일적으로 개량하는 통에 좁은 범위의 땅에서 되던 특품은 대개 보존되지 못하고 미국 종 황색 연초의 전성시대를 보게 되었습니다. 담배를 그 전에 남초 또는 남령초南靈草라고 했던 것은 '남방에서 전래한 약효가 있는 풀'이라는 뜻을 붙인 이름입니다.

조선의 조회종이는 어떠합니까?

조선의 옛날 종이는 오로지 닥猪나무를 원료로 합니다. 질기기로 세계에 둘도 없어 중국 같은 데서는 '고려피지高麗皮紙'라는 이름으로 부르기까지 하며 창호지나 포장지 같은 특수한 소용에는 천하의 절품입니다.

또 옛날에는 닥 한 가지를 원료로 하면서도 소용에 따라 이렇게 저렇게 만듦으로 종류의 변화가 많고 그중에 뛰어난 물건이 무수했는데 근래에 와서 채산성을 이유로 이런 것이 거의 없어지고, 보통으로 만드는 것은 상백지常白紙[006], 사괴지四塊紙[007], 삼첩지三帖紙[008], 견양지見樣紙[009], 창호지, 장판지[010]의 몇 가지에 불과하며 그나마도 품질이 날로 떨어지는 경향이라 딱합니다.

---

[006] 뽕나무 뿌리나 가지의 껍질로 만든 한지로 부드럽고 질감이 뛰어나다. 常은 桑의 오자로 보인다.
[007] 크고 두꺼운 종이
[008] 품질이 낮은 누른 한지
[009] 창호지로 쓰이는 종이의 하나
[010] 방바닥에 바르는 한지

물론 금후의 상용품이 서양종이 계통으로 옮겨 가겠지만 그럴수록 조선 고유 종이의 보존과 발달도 등한시하지 못할 것인데, 이는 옛것을 사랑하는 마음으로 그런 것이 아니라 조선지에는 결코 다른 것들이 따라올 수 없는 독특한 장점이 있기 때문입니다.

조선지의 명품을 약간 들려주십시오.

옛날부터 전해오는 문헌에는 좋은 종이의 이름이 많이 나오니까 그것을 번거롭게 들출 겨를은 없으되 가장 '포퓰러'한 몇 가지를 말하자면, 깨끗하고 만만한 것으로는 상화지霜花紙[011]가 있고, 얄팍하고 단단하며 매끄러운 것으로는 선자지扇子紙[012]가 있고, 두텁고 튼튼하기가 쇠가죽보다 더한 것에는 자문지咨文紙[013]가 있고, 하얗고 보드랍기가 미인의 손길 못지않은 것에는 백면지白綿紙[014]란 것이 있었습니다.

또 세종대왕 시절에 한때 조지서造紙署에서 시험해 본 것에 고절지藁節紙[015]와 송근지松根紙[016]란 것이 있고, 함북의 재가승을 시켜 귀리 짚으로 띄워서 관북 일대에서 널리 쓰던 고정지藁精紙 혹은 황마지黃麻紙[017]라는 것이 있어서 닥이 아닌 원료를 쓰던 것이 흥미로웠지만 모두 일반적인 것은 아닙니다.

---

011 전북 순창에서 나는 윤이 나고 질긴 종이
012 부채나 연에 바르는 단단하고 질긴 흰 종이
013 중국에 보내는 문서에 쓰는 두껍고 단단한 종이
014 품질이 뛰어난 흰 종이
015 마른 짚으로 만든 종이
016 소나무 뿌리로 만든 종이
017 병충해를 막기 위해 황벽나무 잎으로 물들인 종이

압록강 목재라는 것은 어떠한 것입니까?

백두산은 대륙의 최고령산最高嶺山으로서 인간의 침입을 받지 않고 천고의 수림이 천리천평千里千坪을 그득히 덮었으니, 시험하여 산봉우리에 서서 사방을 내려다보면 창창한 나무숲이 한 눈에 들어오지 않을 만큼 아무 걸림이 없이 넓게 깔려 있어서 수해樹海의 장관을 이루고 있습니다. 이 목재를 찍어서 떼를 매어 압록강으로 흘러내려다가 신의주, 안동현에 놓고 세상의 소용에 응하는 것이 압록강 목재입니다. 백두산 서편의 것은 두만강으로 흘러내려 가니까 두만강 목재라고 하지만, 똑같이 백두산 계통에 속하기 때문에 어떠한 경우에는 두만강의 것도 압록강 목재 속에 넣어 말하는 수가 있습니다.

국경상 압록강 및 두만강 유역의 삼림은 그 면적이 230만 정보町步에 침엽수 2억 5천만 묶음, 활엽수 1억 3천만 묶음이 축적되어 있어 진실로 목재의 보고를 이루고 있습니다. 더욱 백두산 천평天坪 지대의 삼림은 삼각형을 이루는데 가장 긴 곳은 근 300리, 너비가 가장 넓은 곳은 근 250리로 면적이 약 70만 정보에 달하여 크기가 거의 충북도 만합니다. 천평림天坪林의 수종은 홍송紅松, 낙엽송, 가문비, 전나무 등

침엽수뿐이지만 차츰 산 아래로 내려오면 벚나무, 들매나무, 가래나무, 박달나무 등 활엽수가 나옵니다. 이 삼림은 전부 국가 소유로 중요한 곳마다 영림서營林署를 두고 이용, 개발하게 하였습니다. 떠내려 오는 목강이[018]에는 혜산진, 신갈파, 중강진, 만포진 등 목재 도읍이 발달하고, 그 끝에 이르는 신의주에는 목재시장 외에 제지업製紙業이 성대히 진행되고 있습니다.

---

018 사이 길목중간

조선의 축우畜牛는 어떠합니까?

조선의 축우 가운데 가장 주요한 지위에 있는 것은 소입니다. 조선소는 체질이 퍽 강건하여 결핵병에는 거의 저항력을 가졌고, 성질이 온순하여 부리기에 좋고 마구 길러도 잘 번식하고 농경용이나 운반용 어디고 적당하고, 또 고기 맛이 좋아 식용으로도 썩 좋으니 이런 여러 장점을 모두 다 가진 점에서 거의 세계제일이라는 정평이 있습니다.

그런데 조선의 풍토는 소 치기에 맞고 곡식을 위주로 하는 조선의 농업에는 축우를 비료의 보급원으로 중시해야 할 사정이 있어서 조선에는 축우의 풍습이 진작부터 발달하고, 또 일반 농민의 애우심愛牛心도 대단하거니와 축우를 관리해 내려옴으로써 조선은 어느 의미에서 세계에 드문 축우국이라 할 수 있습니다.

그래서 조선의 소는 다만 국내용뿐만 아니라 매년 수만 마리씩 국외수출을 보고 있습니다. 최근에 있는 전 조선 안의 축우의 수는 170~180만 마리를 헤아릴 수 있는데, 육용과 피혁자원이며 생우生牛 및 우피의 수출에 말미암은 무역자원의 함양을 위하여 더욱 증식에 노력하지 아니하면 아니 됩니다.

조선의 10대 어업이란 무엇 무엇입니까?

3면이 바다이며 또한 그 바다에 한난寒暖 두 조류가 섞여 흐르는 조선에 어업이 성대함은 당연한 일이 아니겠습니까. 그 가운데서 가장 많이 잡히고 많이 쓰여 큰 자원 노릇을 하는 어업이 대개 10가지인데 곧 고등어, 정어리, 명태, 조기, 대구, 비웃청어, 망어삼치, 도미, 갈치刀魚, 상어 등의 잡이가 그것입니다. 근년 어획고 1억 5천만 원圓 가운데 그 대부분이 이 10가지 고기잡이에서 나온 것입니다. 그런데 그 1/3을 차지하는 정어리가 근 수년 이래로 아주 줄어들어 가는 것은 금후 어업상의 일대타격이 아니 될지 모릅니다.

조선의 금金을 말씀하여 주시오.

조선의 지하자원 가운데 가장 주요한 것은 금이요, 또 가장 먼저 세계의 주의를 끈 것이 또한 금이었습니다. 저 옛날 아라비아 사람이 신라를 황금국이라 떠들었다는 말은 묻지 않을지라도, 우리 고종 갑신년1884에 맨 먼저 조선 전국의 지질을 답사한 독일인 코체 이후로 조선의 광산을 말하는 사람 치고 먼저 금광의 풍부함을 선전하지 않는 사람이 거의 없었습니다. 그 뒤 서양인이 조선에서의 이권利權 사냥은 오로지 금광 하나를 목표로 하였다 해도 과언이 아닙니다. 유명한 평북의 운산금광미국인 경영과 황해도의 수안금광영국인 경영 등이 다 이러한 시기에 남에게 알려진 것입니다.

조선에서는 어디 가서 흙을 파든지 금이 나지 않는 데가 없으리라는 말이 돌아다니는 것처럼 국토 전체를 산금지産金地라고 함이 가하거니와, 그 가운데 평북, 황해도, 충남이 주산지요, 그에 버금가는 데가 전남, 평남, 경남, 강원도 등입니다. 또 사금砂金은 충남, 평남, 전북을 주산지主産地로 칩니다. 저 일본이 기어이 조선을 먹어야겠다는 이유를 분석해 보건대 증식인구를 주체하고 싶음이 그 하나요, 쌀을 갖다 먹어야 살겠음이 그 하나지만 저희 국내에서 변변히 금을 생산하지 못하는 대신 국제화폐인 금을 조선에서 파가야 할 사정임이 또한 그 하나였습니다. 그러면 우리는 국민생활을 윤택하게 하기 위해 무엇보다도 필요한 이 보장寶藏이 넉넉히 준비되어 있음을 다시금 감사하고 그 활용에 유감없기를 맹서해야 할 것입니다.

조선의 철은 어디 어디서 납니까?

조선에서는 일찍부터 철광이 개발되어 고대 동아시아에 있는 철의 공급원 노릇을 하니 반도 최고의 문화지대인 대동강 좌안左岸의 재령 철광은 조선뿐만 아니라 중국 사람들에게 크게 이용된 것이요, 반도 남방의 진한에서 나는 철은 물 건너 일본 사람의 생활문화에 중대한 자원이 되어 그들로 하여금 우리 반도를 '보배의 나라'라고 찬미하게 하였습니다.

조선의 철은 갈褐철광, 적赤철광, 자磁철광, 능菱철광 등이 갖춰 있고 그 산지가 많은데 그 가운데 황해도의 재령과 은율, 평남의 개천, 함남의 이원 등이 가장 주요하며 또, 근래 함북의 무산, 강원의 양양 기타에서 꽤 유망한 광상鑛床이 발견되어 있는 모양입니다. 그러나 아직까지의 정도로는 조선이 공업화하기에 넉넉한 자원이 됨에는 거리가 머니 우리는 그 조사와 탐색, 활용에 크게 노력하지 않으면 안 됩니다.

조선의 석탄사정은 어떠합니까?

석탄이 근대 공업의 원동력임은 새삼 말할 것도 없거니와 조선과 같이 온돌 등 가정 연료로 쓰임이 많은 나라에서는 석탄에 대한 관심이 다른 곳보다 더함이 있을 것입니다. 조선에는 유연有烟과 무연無烟을 합하여 석탄 자원이 구차하지 않음은 국민 생활상 다행한 일인데 다만 공업용의 양질의 탄이 적음은 국력발전상 매우 근심스런 일입니다.

무연탄은 주로 평남의 강동과 개천, 강원의 삼척, 함남의 문천 등에 큰 탄전을 이루고, 그 작은 것은 경북의 문경, 전남의 화순, 경기의 김포통진, 충남의 서천 등지에도 있는데 지금 채탄하고 있는 곳은 평양 근방, 문천, 삼척이요, 그 가운데도 평양 방면이 가장 대규모로 진행하여 국내외 다방면에 큰 자원을 이루고 있습니다. 이는 무연탄을 잘 이용하면 보통의 연료 문제는 이를 힘입어 해결할 수 있다 할 것입니다.

유연탄전의 주요한 것은 함북의 두만강지방과 명천, 길주 일대와 경성鏡城의 생기령生氣嶺, 함남의 함흥, 평남의 안주, 황해의 봉산 등이 주요한 곳인데 이것들은 고급의 열원熱源 소용으로는 아직 시원하달 수가 없습니다. 조선에 있는 유연과 무연 석탄의 총 매장량은 10억 톤 이상이라 합니다.

흑연黑鉛이란 것은 무엇입니까?

흑연일명 석묵[石墨] 이란 것은 옛날에 별로 드러나지 않고 다만 빛이 검다 해서 흑연이라고도 하고 납 맛이 있다 해서 연석鉛石이라고도 하여, 더디 달게[019] 하는 약으로 쇠붙이 그릇에 바르는 데 쓸 뿐이었습니다. 러일전쟁 때쯤부터 일본인의 손으로 이것을 광산으로 경영하는 것이 시작되어 드디어 조선 4대 광물의 하나가 되었습니다.

흑연은 점토와 섞어 도가니감과[坩堝]를 만드는 데 쓰고, 연필의 심을 만들고 난로와 연통의 도료로 쓰고 이밖에 전화電化공업, 금속제련공업 등 다방면으로 이용되는 광물입니다. 세계에 있는 흑연의 주요산지는 석란도石蘭島:실론섬, 마다가스카르섬, 미주 및 우리 조선이니 그 생산량 10만 톤 중에 실론섬과 조선이 큰 부분을 차지하며 조선의 흑연은 품질이 좋고 매장량이 많기로 거의 세계 제일이라고 합니다.

조선의 흑연에는 인장鱗狀과 토장土狀 두 가지가 있어 인장의 것은 평북과 함북 등에서 나고 토장의 것은 충북, 경북, 함남, 평남의 각지에서 나는데다 외국 수출로 쓰이며 특히

---

019 늦게 달아오르게

토장의 것은 영미 제국으로도 수출되어서 조선 광물 중 유일한 수출물이 되어 있습니다. 국내의 흑연광구는 약 150개로 그 반수 정도가 작업하고 있으나 수출상품인 만큼 세계 시장의 대세를 따라 규모가 들쑹날쑹 합니다.

고릉토 高陵土 란 것은 무엇입니까?

고릉토[020]는 도자기의 원료가 되는 진흙의 이름이니 조선 국내에는 어디서나 품질 좋은 도토陶土, 자토瓷土, 도석陶石이 나서 요업의 원료가 거의 무진장인데 그 가운데서도 유명한 것은 경남의 산청, 하동 등 여러 군에서 나는 순백자토純白磁土와 고성군에 나는 백자토, 황해도 해주군에 나는 백색도토白色陶土와 함북 경성군에 나는 강점성자토强粘性磁土, 평남의 대동·성천·강서, 황해의 수안·장연, 강원의 양구, 경북의 경산·청송, 경남의 김해·창원 등에서 나는 도석陶石 등입니다.

이러한 도토, 자토의 풍부하고 양호함이 중국이나 일본보다 나음은 실제가 증명하고 있는 바이니 조선이 예부터 도자기의 명산지가 된 것은 실로 좋은 흙을 많이 가지고 있음에 말미암는 것입니다. 조선사람 시방부터의 생활향상에 도기의 사용이 클 터인데 우리가 반드시 이 천혜天惠를 활용하여 일찍 고려청자와 조선백자를 만들어낸 이상의 역량을 내느냐 못 내느냐는 국가경제와 아울러 민족 체면상의 큰 문제임을 깊이 생각합시다.

---

020 고령[嶺]토라고도 씀

'시멘트'의 원료는 어떠합니까?

시멘트에는 여러 가지 종류가 있지만 여기 말하는 것은 보통 양회洋灰라고 일컫는 토목공사용의 그것이겠습니다. 이 시멘트의 주된 원료는 석회암인데 우리 무연탄층의 하부에는 어디든지 품질 좋은 석회석이 연료와 함께 많이 존재하기 때문에 시멘트 제조가 근래 각지에서 성행하고, 거기에 따르는 석회요소의 모든 공업이 크게 부흥하여 갑니다. 그 대규모의 공장이 평양평남, 천내리함남, 고무산함북, 해주황해도, 봉산황해도 등에 있습니다. 우리 신新국가 건설의 중요한 물소物素인 시멘트의 원료가 풍부한 것도 여간한 천혜가 아닙니다.

희유원소광물 稀有元素鑛物 이란 무엇입니까?

희유원소라는 것은 산출량이 근소하거나 혹은 발견된 지 오래지 않거나 하여 연구가 아직 세밀하지 못한 원소를 이릅니다. 그중엔 방사성능을 가진 원소가 여럿이요, 이 방사성 원소가 가진 폭발성은 근대 과학병기 제조에 중요한 요소 노릇을 합니다.

그런데 조선에는 희유원소광물이 꽤 많이 존재하여 태평양전쟁 중 일본이 이를 극력 이용하여 이른바 특별 공격의 효과를 거두고 있었습니다. 이제 그 중요한 것의 이름만을 들건대, 세륨, 지르코늄, 탄탈림, 리튬, 트륨, 녹주석[021] 등이 그것이니 전쟁 전후에 이러한 희유원소광물이 연방 발견되어서 단번에 조선이 세계에 있는 희유원소광물의 보고로 소문나게 되었습니다.

---

021 베릴륨의 원료

석유는 조선에서 나지 않습니까?

석유가 현대 국가의 생명에 얼마나 중대한 관계를 가지는가 하는 것은 두 번의 세계대전의 이면이 실상은 석유쟁패전이라는 설까지 있기 때문에 그 대강을 짐작할 것입니다. 그러면 이러한 석유가 조선에 없다면 어떻게 섭섭하고, 있다 하면 어떻게 든든할는지 진실로 궁금하기 짝이 없는 문제입니다.

조선 안에서 유전을 발견한 사실은 물론 없습니다만 조선에 석유가 있다는 소문은 벌써 옛날에 중국에 퍼졌었는데, 송대宋代의 저술인 『작몽록昨夢錄』이라는 책에 "고려의 동방 수천 리에서 맹화유猛火油가 나니 뜨거운 볕에 돌이 달아서 나는 액이라 물에 들어가면 불길이 뻗치고 고기들이 다 죽느니라" 한 것이 있으며, 이런 것들을 받아서 명대明代의 박물학자 이시진李時珍은 그 『본초강목本草綱目』이란 책에 쓰기를 "석유는 고려에서 나니 석암石巖에서 솟아서 샘물과 섞여 흐르며 빛이 검고 유황 기운이 있는데 그곳 사람이 떠다가 등을 켜니 대단히 밝으며 그 그을음은 먹을 만드니 윤기가 송연보다 낫더라"고 분명한 말을 하였습니다. 이 말의 출처를 시방 채근하는 수 없고 혹시 낭설일지 모르되 무슨 근거가 있어서 다른 날 우리가 그 보물을 붙잡게 된다 하면 작히나 다행이라 하겠습니까.

제4장 풍속

風俗

백의白衣 입는 버릇은 언제 어떻게 생긴 것입니까?

조선 민족이 백의를 숭상함은 아득한 옛날부터 그러한 것으로써 언제부터인지는 말할 수 없습니다. 수천 년 전의 부여 사람과 그 뒤 신라, 고려, 조선의 모든 왕대에서 한결같이 흰옷을 입은 것은 그때마다 우리나라에 와서 보고 간 중국 사람의 기록에 적혀 있는 바입니다.

그러면 이러한 풍속이 어찌 생겼느냐 하면 대개 조선 민족은 옛날에 태양을 하느님으로 알고 자기네들은 하느님의 자손이라고 믿었는데, 태양의 광명을 표시하는 의미로 흰빛을 신성하게 알아서 흰옷을 자랑삼아 입다가 나중에는 온 민족의 풍속을 이루고 만 것입니다. 이것은 조선뿐만 아니라 세계 어디서고 태양을 숭배하는 민족은 모두 흰빛을 신성하게 알고 또 흰옷을 입기 좋아하니 이를테면 이집트와 바빌론의 풍속이 그것입니다.

흰옷을 이 뒤에도 입는 것이 좋을까요?

풍속은 시대를 따라서 마땅히 변화하는 것이 원칙이기 때문에 옛날에는 자랑삼아 흰옷을 입었다 할지라도 이미 흰옷이 경제적이지 않고 활동하기 불편해지면 당연히 그것을 버리고 더러움을 타지 않는 무색옷을 입어야 할 것입니다. 종교적이나 예식상으로 입는 옷을 따로 생각하되, 일반적으로 때를 가리지 않고 입는 옷을 희게 함은 시대를 맞출 줄 모르는 어리석은 일이라 할 것입니다.

두루마기란 웃옷의 내력은 어떠합니까?

조선에서는 그 전에는 사내의 웃옷은 소매가 넓고 옆구리를 터서 세 자락 혹 네 자락이 따로 돌게 지었습니다. 세 자락은 창옷이요, 네 자락은 중치막과 도포_{道袍}라는 것입니다. 이러한 옷은 사방이 터져서 속옷을 가릴 수 없으므로 다시 사방을 둘러막은 옷을 만들어서 웃옷의 밑받침으로 입고 또 집에 있을 때에는 간단한 웃옷으로 입기도 하니, 이 옷은 사방이 막혔다 해서 두루마기라고 불렀습니다. 이렇게 두루마기는 밑받침 옷이요, 웃옷이 아니었으며 다만 중치막이나 도포를 입지 못하게 한 상민계급에서나 할 수 없이 웃옷으로 입었습니다.

고종 갑신년₁₈₈₄에 개화의 한가지로 옷제도를 변통하여 넓은 소매와 너털거리는 자락이 있는 창옷, 중치막, 도포 등이 폐지되고 홀가분한 두루마기가 밑받침옷으로부터 웃옷으로 바뀌었습니다. 이후 시간이 지나서 갑오경장 뒤에 널리 퍼져서 누구나 다 입는 웃옷이 되었습니다.

망건網巾의 내력은 어떻습니까?

머리를 음접가지런히 하기 위하여 수건이나 끈을 동여매는 대신 실로 뜬 그물을 둘러씀은 본래 중국에서 당나라 이래로 일부 특수한 사람 사이에 유행하더니 명나라 태조가 어느 도교道敎의 절에 갔다가 도사道士가 면주실로 작은 그물을 얽는 것을 보고 "그것을 무엇에 쓰느냐?" 하니 "머리를 거두는 데 씁니다" 하자 태조가 그 아니 편리하냐 하고 감탄하면서 이 법을 천하에 반포하여 두루 쓰게 한 것이 망건의 시초입니다.

명나라의 이 법이 언제부터인지 조선으로 들어와서 중국 이상으로 널리 유행하고 실 대신 사람의 머리털과 말총을 쓰게 되어, 말총으로 망건 뜨는 법이 뒤에 중국으로 되들어가서 거기서도 말꼬리로 만든 망건이 많이 애용되었습니다.

탕건의 내력은 어떠합니까?

조선 사람은 예부터 머리에 무엇을 쓰기 좋아하여 처음에는 간단한 두건 같은 것을 쓰고 감투라고 이르니, 지금 남쪽 지방에서는 상을 입은 사람이나 쓰는 베로 만든 두건을 서쪽지방에서는 그저 사람들이 예사로 쓰고 다니는 것이 실상은 오래된 풍속이었습니다. 이것이 뒤에 중국에서 들어온 복두幞頭[022]나 사모紗帽[023] 따위의 영향을 받아 오긋하고 잘록하게 맵시를 붙인 것이 지금 탕건이란 것인데, 본래 헝겊으로 만들었겠지만 오래 지니기 위해서 차차 말총으로 뜨게 된 것입니다. 그래서 탕건은 본래 독립적인 모자요, 후세에서처럼 벼슬 한 사람이라야 쓰는 것이 아니었습니다.

---

022 신라시대부터 조선시대에 이르기까지 신분에 따라 쓰던 두건
023 문무백관이 관복을 입을 때 갖추어 쓴 모자

신발 말씀을 하여 주시오.

1천 6~700년 전의 기록을 보건대 조선의 북방에서는 가죽신이 보통이요, 남방에서는 짚신이 보통이던 모양인데 신라, 고려시대로 내려오면서 차츰 가죽신이 남방으로 퍼지고 특별한 경우에는 놋갓신[024]도 신었습니다.

그러나 일반 백성은 짚신을 많이 신었는데 부들과 왕골을 재료로 하여 촘촘하고 곱다랗게 만드는 재주가 늘어서 풀로 만드는 신이 정밀하기가 거의 세계에 짝을 보기 어려울 지경에 갔습니다. 다시 삼과 닥, 청올치[025], 노끈, 실 등으로 만드는 갖가지 미투리가 생기면서 푸새신[026]이 발달되었다 할 만합니다. 근래에 고무신이 보급되면서 다른 모든 신이 다 없어졌지만, 한편으로는 왕골 슬리퍼가 외국 수출품으로 이름을 얻음은 재미있는 일입니다.

---

024 협금혜[挾金鞋]: 놋으로 만든 신발
025 칡덩굴의 속껍질
026 풀로 만든 신발

나막신의 내력을 들려주시오.

나막신은 물론 나무신이란 말이 와전된 것입니다. 시방 조선의 나막신과 일본의 '게다'란 것을 비교하면 비슷해 보입니다. 하지만 가만히 나막신의 발달 자취를 찾아 보건대 어디서든지 미개한 정도에서는 편편한 나무 바닥에 끈을 매서 발가락이나 발끝에 걸고 다니다가, 차츰 발달하여 다른 신 모양과 같아지고 다시 여러 가지 맵시를 내게 되는 것이니, 조선의 나막신도 옛날에는 '게다'와 비슷하다가 발달하여 시방같이 된 것입니다. 그런즉 일본의 게다는 아직 미개한 정도로 있는 것이요, 조선의 나막신은 거기서 크게 발달하여 보기가 좋게 된 것입니다.

조선의 음식 만드는 법에 무엇이 가장 유명합니까?

첫째 고기구이가 예부터 유명하며 요즘 말로 하면 방자고기[027], 산적, 섭산적[028] 같은 것이 부여와 고구려시대에 크게 발달하여 중국으로 들어가서 중국 음식내용에 혁명을 일으켰다고 하는 타입니다. 원래 부여, 고구려는 북방 추운 지방의 나라로 기름기를 많이 먹게 된 관계가 있으매 저절로 짐승을 많이 잡고, 또 그 고기를 다루는 솜씨가 특별히 발달한 것인 모양입니다.

둘째는 고기나 생선이나 다른 재료에 밀가루와 닭의 알을 씌워서 기름에 지지는 '전유煎油아[029]'의 종류니 중국에서 시작된 이런 조리법이 조선에서 시작해 중국으로 들어갔다고 믿고 있습니다. 지금 중국말에 전유아를 '거우리'라고 하니 이는 고려 곧 조선이란 말입니다. 이밖에 취나물이나 상추 같은 나물의 잎에 밥을 싸 먹는 쌈이란 것도 조선에서 난 독특한 것으로 고려 시대에 원나라로 전하여 크게 유행한 일이 있었습니다.

---

027 씻지도 않고 소금만 뿌려 구운 고기
028 궁중요리의 하나로 다진 쇠고기와 두부를 넣어 넓적하게 만들어 석쇠에 굽는 요리
029 튀김의 종류

신선로神仙爐의 내력은 무엇입니까?

근래에 조선의 음식이라면 외국 사람들은 맨 먼저 신선로를 생각할 만큼 이것이 특별히 유명해지고, 또 우리의 신선로가 크게 특색을 가진 것은 사실이지만 그러나 신선로는 결코 조선의 독특한 것이 아닙니다. 중국 음식에 우리 신선로와 똑같은 그릇을 '훠궈르火鍋兒: 화과아'라 하여 그릇 한가운데 숯불을 피우고 그 가장자리에 국을 끓여 어육과 채소를 익혀 먹는 풍속이 있으니 신선로와 훠궈르가 이름은 다를망정 실지는 똑같습니다.

  우리 신선로는 간단한 어육과 채소가 아니라 가지각색 재료를 볼품 있게 담아 끓여 먹는 것이 어찌 생각하면 훠궈르보다 복잡한 것 같지만, 중국에도 십경대과十景大鍋니 무엇이니 하여 우리 신선로와 흡사하게 꾸미는 것이 있습니다. 이런 사실을 두루두루 모아서 생각하건대 조선의 신선로가 중국에서 왔음은 거의 의심할 수 없으며 다만 중국에서 이것을 여러 가지 이름으로 부르건마는 신선로라는 문자만은 보이지 않으니 이 이름만이 아마 조선에서 생긴 것일까 합니다. 중국 옛날 글에 추운 겨울에 신선로를 끼고 따뜻하게 마시고 먹는 모임을 난로회暖爐會라고 이름 지은 것이 있으니 미상불 재미있는 말입니다.

약식藥食이니 약반藥飯이니 하는 것은 과연 조선사람 것입니까?

밤, 대추 등 여러 가지 과실과 꿀을 섞어 지은 찰밥을 약밥이라고 하는 풍속은 오랜 옛날부터의 일인 모양입니다. 누구든 다 아는 옛날이야기에 신라의 21대 소지왕炤知王이 어느 해 정월 보름에 신명身命에 위태한 일이 있었는데 까마귀가 깨우쳐 주어서 이를 면하니, 왕이 이 은공을 갚을 생각에 이 날을 까마귀를 위하는 날로 하여 해마다 약밥을 만들어 제사를 지낸 것이 약밥의 시초라는 것이 있습니다. 그러나 해가 바뀐 뒤에 일부러 밥을 하여 까마귀를 뿌려 먹이는 풍속은 조선뿐만 아니라 만주와 더 북쪽의 여러 민족 사이에 널리 행하는 바이니까 소지왕이 신세 갚으려고 그리했다는 이야기는 그대로 믿을 수 없는 말입니다.

또 중국 음식에 여덟 가지 과실을 사탕에 절이고 찰밥에 섞어 먹는 것으로 팔보반八寶飯이라고 이르는 것이 있으니 약밥이 꼭 조선의 것만이 아님을 알 것입니다. 그런즉 약밥은 약밥대로 따로 생긴 것이요, 정월에 까마귀를 대접하는 것도 제대로 따로 출처가 있는 일이며 다만, 과실을 섞어 지은 밥을 소중하게 여겨서 정월 초에 일 년 내 귀신을 쫓는 '벽사辟邪'하는 의미쯤으로 먹는 것이 예부터의 풍속이라고 생각하고 싶습니다. 후세에 와서는 까마귀를 먹이는 일은 아주 없어지고 정월 보름 안에 사람이 약밥을 먹어야 좋다고 하여 아무 음식 장사가 없던 옛날에 정월 초 무렵이면 약밥 장수가 서울 성城 곳곳에 떼지어 쏘다니는 일을 보건대, 약밥이 까마귀를 위하는 것이 아니라 실상은 사람을 위하던 것이라고 짐작하겠습니다.

약과란 어떠한 것입니까?

밀가루 반죽을 넓적하게 또는 둥글게 여러 가지 모양으로 조각을 내어 꿀과 기름에 흠뻑 지져내는 것을 유밀과油蜜菓라 하고 보통 약과라고 부릅니다. 조선에서 만드는 과자 가운데 가장 상품上品이요, 또 힘들이지 않고 투박하게 만드는 것으로는 세계에서 그 짝이 없을 만큼 특색 있는 과자입니다. 조선의 잔치란 잔치와 이름 있는 제사에 이것이 없을 수 없는 것이 되고 나라의 큰 잔치에는 이것을 여러 가지로 만들어야 하는데, 거기에 소비되는 인력이 너무 커서 국가의 기구로도 이를 담당할 수 없어 혹 몇 해 또는 몇십 년씩 이를 폐지하고 만들지 못하며 민간에서 만드는 것을 엄령으로써 금지도 하였습니다.

『대전통편大典通編[030]』을 보건데 백성의 집 혼사와 상례에 유밀과를 쓰는 자는 곤장 80대를 맞는다고 정해져 있습니다.

---

030 795년, 『경국대전』과 『속대전』 및 그 뒤의 법령을 통합하며 편찬한 법전

약주藥酒라는 말은 무슨 뜻입니까?

술을 대접하며 말할 때 약주라 하고, 특별히 다른 술에 비해 맑은 술을 약주라고 일컬음은 얼른 보기에 이상스럽습니다. 그러나 물건 이름에 '약藥'자를 붙이는 예를 보면 약밥은 여러 가지 재료를 써서 가장 별미로 지은 밥이요, 약과는 귀중한 재료를 써서 훌륭하게 만든 과자를 말하는 것처럼, 약주란 술 가운데 좋고 맛난 것이라는 의미를 나타내는 말로 보면 맨술을 가지고 약주라고 하게 된 까닭을 깨달을까 합니다.

조선술로 유명한 것은 무엇이 있습니까?

가장 널리 퍼진 것은 평양의 감홍로甘紅露로 소주燒酒에 단맛이 나는 재료를 넣고 홍곡紅穀[031]으로 발그레한 빛을 낸 것입니다. 그 다음은 전주의 이강고梨薑膏니 뱃물배즙과 생강즙과 꿀을 섞어 빚은 소주입니다. 그 다음은 전라도의 죽력고竹瀝膏니 푸른 대나무를 숯불 위에 얹어 뽑아낸 즙을 섞어서 고은 소주입니다. 이 세 가지가 예전에 전국적으로 유명하던 것입니다.

이 밖에 김천의 두견주杜鵑酒[032], 경성의 과하주過夏酒처럼 부분적 또는 시기적으로 좋게 치는 종류도 여기저기 꽤 많으며, 뉘 집의 무슨 술이라고 비전하는 법도 서울과 시골에 퍽 많았습니다마는 근래에는 시세에 밀려 없어지는 것이 매우 아깝습니다.

---

031 중국에서 나는 붉은 빛으로 물들인 쌀
032 진달래로 빚은 술

떡 이야기를 하여 주시오.

떡의 종류가 많고 또 솜씨 좋기에는 서울만 한 데가 없으며, 첫째 대궐을 갖고 있고 크나큰 집들이 솜씨를 경쟁하는 데서 저절로 발달한 것입니다. 그러나 천연재료와 기후 등의 관계로 특별히 이름을 얻은 것이 각 지방에 더러 있으니 우선 연안의 인절미가 그 하나입니다. 예부터 연안과 백천에서는 좋은 찹쌀이 나는데, 이것을 정성들여 만들어서 남다른 풍미를 갖게 된 것입니다.

또 금강산에서 석이버섯과 잣을 두어 만드는 꿀편은 서울에서도 따라가지 못한다 하고, 함경도 깊은 두메산골로 들어가면 귀리를 섞어 만든 절편이 유난히 매끄럽고 질겨서 먹을 만하니 이런 것들은 다 풍토에 맞춰 생긴 것이요, 다른 데서 흉내 내기 어려운 것입니다. 옛날 중국에서 다니러 온 사람의 눈에는 파란 쑥을 섞어서 만든 산병, 절편, 개피떡이 신기롭게 보인 양하여 조선의 청개병靑芥餅이란 것이 그네들의 글에 많이 나옵니다.

남주북병 南酒北餠 이란 말은 어째서 생겼습니까?

그 전부터 서울 남산 밑에서는 술을 잘 빚고 북촌에서는 떡을 잘 만든다 하여 세간에 남주북병이란 말이 행하였었는데, 이 사실에도 또한 그때의 사회적 사정이 나타난다고 할 것입니다. 무릇 북촌에는 부유한 집이 많으니까 일반적으로 음식 사치가 대단하여 떡 만드는 솜씨가 발달했고, 남산 밑으로 말하면 구차한 샌님과 시세없는 양반네들이 사는 곳이니까 손쉽게 얼근하여 불쾌한 것을 잊자는 데서 술 솜씨가 늘었다고 볼 수 있을까 합니다.

시식時食이란 것은 무엇입니까?

춘하추동 사시와 1년 열두 달 그때마다 철 맞춰 먹는 음식을 시식時食이라고 합니다. 대개 그때그때 명일명절을 중심으로 하여 새로 나는 물건이나 맛있는 음식의 종류를 선택하여 마련되었던 것입니다.

이를테면 설날의 떡국, 대보름의 약밥, 정2월의 물쑥청포, 한식의 개피떡, 음력 3월 3일삼짇날의 화전, 8일의 도미국수033, 단오의 수단034, 유두의 밀쌈035, 추석의 송편, 9일의 국화전036, 동지의 팥죽, 납향臘享037의 고기구이 등이 그 주요한 것입니다.

---

033 도미로 전을 부쳐 여러 가지 채소, 버섯류와 함께 고명을 얹고 육수를 부어 끓인 후 국수를 넣어 끓여 먹는 음식 3월의 전골음식
034 햇보리나 작고 동글납작하게 만든 멥쌀 흰떡을 녹말가루를 묻혀 끓는 물에 데쳐 차가운 꿀물이나 오미자국에 띄워 시원하게 먹는 화채
035 쇠고기와 각종 나물을 잘게 썰어 밀전병에 말아서 먹는 음식
036 음력 9월 9일, 중양절에 찹쌀가루를 동그랗게 만들어 그 위에 국화 꽃잎을 붙인 후 기름에 지진 음식
037 동지가 지난 뒤의 셋째 술일 또는 미일에 한햇동안 지은 농사와 그 밖의 일을 신에게 알리는 제사

지방마다 유명한 음식은 어디 무엇입니까?

이루 다 말하겠습니까만 개성의 엿과 저육猪肉, 해주의 승가기勝佳妓 038, 평양의 냉면冷麵과 어복장국039, 의주의 왕만두, 전주의 콩나물, 진주의 비빔밥, 대구의 육개장, 희양淮陽의 곰의기름정과040, 강릉의 방풍죽防風粥041, 삼수갑산의 돌배말국, 차호遮湖042의 홍합죽 등이 다 사방에 이름난 것입니다.

---

038 잉어 또는 조기로 도미국수처럼 만든 음식
039 일명 어복쟁반. 주위에 국수를 둘러놓고 한가운데에는 편육을 담은 그릇을 들여놓고 여럿이 먹는 쟁반음식
040 곰 기름과 온갖 과실, 생강, 연근 인삼 등을 꿀에 졸여 만든 과자
041 입쌀과 방풍나물의 싹을 입쌀과 섞어 쑨 죽
042 함경남도 이원군의 어항

갓난애 백일百日을 축하함은 무슨 까닭입니까?

갓난아이가 자라가는 과정에는 조심스러운 때가 거푸거푸 돌아오니 갓 나서가 그 하나요, 한 이레, 두 이레, 세 이레가 다 그 하나요, 또 백일이 그 하나로 이를 무사히 넘김이 곧 생명보험의 한 층에 올라서는 것이 됩니다. 그러므로 그때마다 '안심이다'하고 기쁜 뜻을 표하는 잔치를 베푸는 것이 언제부터인지 부지중 생기고 행하여 오는 것입니다. 그런데 백일이 되면 사망률이 가장 많은 시기를 넘어설 뿐만 아니라 한편으로는 갓난이가 사람을 반겨 벙싯거릴 줄을 알게 되니 경사스런 맘이 더 클 수밖에 없는 것입니다.

돌잡히는 의미는 무엇입니까?

아이가 태어나서 1주년이 되면 아슬아슬한 위기를 대개 벗어나서 든든한 장래를 기약할 수 있는 단계로 들어가니 돌이라는 축하연이 있음직합니다. 그런데 이때쯤은 아기가 앉는 것은 물론이요, 서서 기동起動도 하고 슬기와 생각하는 양이 자못 발달하니, 이를 기회로 하여 어른 세계의 온갖 물건을 벌여 놓고 그 생각 돌아가는 것을 한번 보려고 함이 미상불 괴이치 않은 일입니다.

이것이 아기의 첫 생일잔치에 쌀과 국수와 돈과 피륙, 활과 책 같은 것을 모아서 돌상이라는 것을 만들어 놓고 그 먼저 잡고 좋아서 만지는 것을 보아서 이 아이가 앞으로 어떻게 되겠다는 것을 상상하는 이른 바 돌잡히는 풍속이 생긴 까닭입니다. 돌잡히는 풍속은 중국에서 시아試兒 니 시주試周 니 하여 육조六朝 시대부터 있어 왔는데 조선에서도 벌써부터 이 잔치가 널리 행하여 시방도 쇠하지 않습니다.

관례(冠禮)란 것은 무엇입니까?

관례란 아이로부터 어른 되는 표로 머리에 갓을 얹는 예식이니, 어른이 된다 함은 곧 사사로운 사람으로서 사회의 일원에 참가함을 의미합니다. 조선 옛날에는 아이 때 뒤로 땋아 늘였던 머리를 긁어 올려서 정수리에 상투를 틀어 얹고 그 위에 갓을 씌우는 것이 관례였습니다.

관례란 본래 나이가 상당한 연령에 다다라야 비로소 행하던 것이었지만 후세에 부모들이 빨리 어른을 만들 욕심에 열 살만 넘어도 상투를 틀어 놓았는데, 이렇게 어린 아이라도 한번 상투를 틀고 나면 스물이 넘고도 머리 딴 아이대로 있는 사람이 또한 어른으로 높이고 아이로 밑에 들었으니, 그 시절에 어른이 되는 관례가 얼마나 중요한 일이었는가를 짐작할 수 있을 것입니다.

관례는 원시사회에서 행하는 성인식 Initiation 이니, 곧 사회의 공인으로서 의무를 분담할 만한 연령에 다다랐고 인정하는 때에 그 사회의 장로가 그에게 전체의 일원이 될 자격을 주는 의식입니다. 이렇게 내려오는 풍속에서 보아 어른이 아이를 누르는 것, 그전 말로는 관동지별(冠童之別)이 엄준한 것이었습니다. 근래에 와서 이 관례라는 것이 대개 폐절廢絶되었지만 인생의 어느 시기에 사회 공인으로서의 자각을 재촉하는 의미에서 관례의 풍속은 부활할 필요가 있다고 생각합니다.

장가를 든다는 말은 무슨 의미입니까?

장가丈家는 장인과 장모의 집이란 말이니 장가를 든다는 것은 곧 처가로 살러 들어감을 의미합니다. 대개 인류의 혼인하는 풍습은 여러 단계를 거쳐 요즘과 같아졌는데, 옛날 어느 시절에는 사나이가 색시를 얻으려면 그 집에 들어가서 한참 그 집의 일을 보살피면서 살다가 얼마 뒤, 이를테면 첫아이를 낳은 뒤쯤 제 어미를 데리고 나오는 법이 있었습니다.

우리나라 옛날로 말해도 고구려에도 분명 이런 풍습이 있던 것이 사기史記에 기록되어 있습니다. 색시를 얻음을 장가 든다고 함은 이 시절의 사실을 나타내는 말로 뒤에 풍속은 변했지만 말은 그대로 남은 것입니다. 시방 장가를 들면 처가에서 3일을 치름은 또한 옛날에 처가에 들어가 있던 풍속을 조금만 흉내낸 것입니다.

조선 옛날에 동성同姓과 일문一門이 서로 혼인하였다는 말이 정말입니까?

혼인하는 제도는 시대와 사회를 따라 서로 같지 않은 것이니 어느 것이 옳고 그르다는 말을 하기 어렵습니다. 동성끼리 통혼을 꺼리게 된 시방은 근친 사이의 연혼聯婚[043]이라는 말부터 해괴하기 짝이 없지만, 그때는 그때만큼의 이유가 있어서 이러한 그 법례가 있던 것입니다.

동성혼Endogamy의 법은 대개 원시사회의 어느 시대에 어느 민족이 다른 민족과 접촉한 인연이 없어서 자연스럽게 같은 씨족끼리 혼인을 행하다가, 뒤에 다른 씨족과 맞닥뜨려서 둘이 서로 싸우게 되어 정복자와 피정복자의 관계가 생기게 됩니다. 그러면 정복자 편이 그들의 혈통과 세력을 온전히 보전할 필요에서 의식적으로 다른 씨족과의 통혼을 금하는 데서 이 풍습이 생겨난 것입니다.

우리 신라 시절에는 귀족사회에 한골성골과 두골진골의 구별이 있어서 왕족은 한골인데 한골은 한골끼리만 연혼하고 두골하고 피를 섞지 못하니, 이 관계도 왕의 집안에서는 조카딸과 내외종 누이를 보통 장가들였으며, 또 고려시

---

[043] 친척이 되는 사람끼리 하는 혼인

절에도 왕실에서는 근친혼이 원칙적으로 행하여져 훗날 몽골에 장가들게 되기 전의 20명의 임금 가운데 열다섯 임금이 어미가 다른 친누이나 사촌누이 혹은 조카딸과 혼인하곤 했습니다.

   이것들은 다 왕족의 혈통을 순수하게 지키고자 하는 뜻에서 나온 것이었습니다. 이런 일들을 고쳐야 한다는 말이 더러 나오기도 했지만, 왕실의 혈통에 관계되는 일이니만큼 들고 나서서 개혁하려는 사람이 없었습니다. 그러나 왕실 이외의 곳에서는 고려 초부터 차츰 이 풍습에서 벗어났습니다.

삼년상 三年喪 은 언제부터 행하였습니까?

부모가 돌아가시면 3년 동안 거상 居喪 을 입음은 유교의 이론에서 나온 것이니 자식이 나서 부모의 품에서 벗어나는 동안이 3년이라 해서 이 동안 상주 노릇을 해야 함이 옳다는 것입니다.

조선에서도 삼국시대에 이미 삼년상을 입었다는 기록이 분명히 남아 있습니다만 일반 백성이 죄다 그런 것 같지는 않으며, 고려 시절에도 부모의 거상을 백일 만에 벗는 것이 보통이다가 공민왕 16년 1367 에 이색 李穡 의 청으로 삼년상을 지내라는 명령을 내렸으나 또한 철저히 시행되지 아니 하였으며, 조선시대에 이르러 양반네들은 대개 삼년상을 입었으되 일반 백성은 여전히 백일상을 지켰습니다. 중종 11년 1516 에 이르러 조광조 일파가 유교적 정치 개혁을 이루면서 반상 班常 의 구분 없이 삼년상을 지키라는 명령을 내려서 이로써 차차 풍속을 이루어 온 것입니다.

윷은 어떠한 놀이입니까?

윷은 조선에만 있는 놀이로서 신라시대부터 성행했다는 증거가 일본의 옛 책에 적혀 있습니다. 옛날 일은 알 수 없지만은 요즘에는 윷이 농가農家의 놀이로서 새해 초에 편을 갈라 한편은 산농山農이 되고 한편은 수향水鄕이 되어, 그 이기고 짐으로써 그 해 일 년 농사가 고지高地에 잘 될지 저지低地에 잘 될지를 판단하는 점법占法이었습니다. 근년에 이것이 일반적인 민간유희를 이룸과 함께 자연 점법의 옛 뜻을 잃어버리고 다만 부인네들 '윷괘점'이란 것이 약간 그 전 모습을 가지고 있습니다.

편쌈 이야기를 듣고 싶습니다.

편을 갈라서 하는 경기는 다 편쌈이라 할 것이지만 보통으로는 돌을 던져 승부 내는 장난을 편쌈이라고 하게 되었습니다. 한자로는 석전石戰 또는 척석희擲石戱라고 써서 옛날에 무예연습의 하나로 힘쓰던 것입니다.

돌 편쌈은 고구려 옛날에 새해 초마다 국가적인 놀이로 거행하여 사기士氣를 격동하기에 이바지한 사실이 그때 사기史記에 적혀 있으니 그 유래가 오래고 또 의미가 깊은 것입니다. 고려시대와 조선시대 초에는 단오의 놀이로 시골이나 서울에서 이를 거행했습니다. 그런데 언제부터인지 새해 초로 치켜 올라가서 요즘에는 온 서울을 동서 두 편으로 갈라서 큰 성벽을 놓고 해마다 큰 편쌈을 했습니다. 돌싸움 끝에는 몽둥이 싸움으로 발전하여 용맹하고 쾌활하게 승부를 내어서 1년 동안의 화제를 만들어 내곤 하였습니다. 러일전쟁 뒤에 일본인의 간섭으로 말미암아 차츰 싱거워지다가 병합한일합병과 함께 아주 없어졌습니다.

평양지방에서는 편쌈이 없어진 뒤에도 오랜 전통이 있기 때문인지 돌팔매질이 숭상되고, 신기에 가깝다 할 만한 능수能手가 끊이지 않아 지금도 옛날과 같음은 재미있는 일입니다. 편쌈은 얼마큼 잔인한 면모도 있을 법한데 국민의 용기를 일으키는 데 큰 도움이 되었으며, 임진왜란 중에는 팔매질 꾼의 힘으로도 도적을 물리친 일도 종종 있어서 결코 가볍게 볼 수 없는 국민을 단련하는 일면을 짓던 것입니다.

널뛰기는 무엇입니까?

정월 초에 여자들이 높은 받침 위에 긴 널을 얹고 좌우 끝에 한 사람씩 올라서서 널 끝을 구르면서 겨끔내기로 서로 번갈아가며 몸솟음하여 서로 오르락내리락하는 널뛰기는 아마 조선에만 있는 여자들의 장난인 것 같습니다. 다만 조선의 남쪽에 있었던 유구국流求國 044에 이 비슷한 장난이 있다고 하지만, 유구는 조선을 상국上國으로 섬겨서 왕래가 잦았기 때문에 조선에서 배워 간 것으로 보아도 결코 틀림없을 것입니다.

그러면 널뛰기는 어째서 생긴 것이냐 하건대 대개 조선 옛날의 여자는 우리가 상상함보다 이상으로 심히 활달하여 말을 타고 격구를 하는 것까지도 예사로 하고, 평시로부터 나라에 큰 일이 있을 때를 예비하는 여러 가지 일 중에 정월 초에 널을 뛰고 단오에 그네를 뛰는 것이 다 이러한 연성과목練成科目의 하나입니다. 뒤에 중문 안으로 잡아넣은바 되었으되 이런 옛 풍속만이 전해 내려온 것일까 합니다.

044　일본 오키나와에 있었던 옛 왕국

제5장 명일

정월 초를 '설'이라고 하는 것은 무슨 이유입니까?

설이라 함은 보통 섧다, 슬프다는 뜻이지만 옛날에는 조심하여 가만히 있다는 의미로도 쓰는 말이니 '설'이나 '설날'이라 함은 곧 조심하려고 가만히 들어 앉아 있는 날이라는 뜻입니다. 옛날 풍속에 무슨 중대한 일이 있으면 그 일이 아무 탈 없이 순하게 성취되기를 위하여 몸과 마음을 깨끗이 가지고, 혹시라도 부정한 일이 있을까 보아서 기우杞憂 하였습니다.

그래서 해가 바뀐 정월 초하루에는 1년 내 어느 날이고 탈 없이 지내게 하여줍시사는 뜻으로 1년 365일의 처음 되는 이 날을 극진히 조심하고 지내며, 또 농사를 생활의 근본으로 소중히 아는 마음에서 연내 농사에 관계되는 여러 가지 축원을 정월 초생에 행하는데, 첫 번 드는 진일辰日: 용의 날에는 비가 알맞게 옵시사는 뜻으로 이 날을 조심하며, 오일午日: 말의 날에는 농사를 대신해 주는 말이 1년 내 잘 지냅시사는 뜻으로 이 날을 조심하며, 자일子日: 쥐의 날과 해일亥日: 돼지의 날에는 쥐와 돼지가 곡식을 너무 다치는 일이 없게 하여 줍시사는 뜻으로 이 날을 조심하며, 이런 날들은 다 '설날' 곧 조심하는 날이라고 말합니다. 이 때문에 정월 초생을 '설'이라 하고 특히 초하룻날을 '설날'이라고 하기도 한 것입니다. 한문으로는 신일愼日이라고 쓰기도 하고, 달도怛忉일이라고 쓰기도 합니다.

대보름이라 함은 무슨 뜻입니까?

옛날 아주 오랜 옛날 시절에는 사람들이 달 밝은 날을 신비한 의미로 좋아하여 매양 보름날 밤이면 동네 동네가 한마당에 모여서 놀이도 하고 혹 큰 판결사도 함이 보통인데, 일년 열두 달의 첫 번째 드는 정월 보름은 그 해의 연운을 점치는 것이라는 의미로 특별히 소중하게 여겨서 보름 가운데 큰 보름이라 하여 대보름이라고 일컬은 것입니다.

그리하여 이 날이 깨끗하고 궂음과, 이 날 달이 밝고 희미함과, 이 날 공기가 맑고 흐림과, 이 날 바람의 세기가 곱고 사나움 등으로써 그 해 1년 동안의 가뭄과 장마, 풍년과 흉년, 다른 여러 가지 화복을 미리 짐작하며 또 이것저것 여러 가지 법으로써 1년 내 모든 일의 길흉을 판단하는 풍습이 있었습니다.

제웅 제웅 이라는 것은 무엇입니까?

옛날 사람들은 하늘에 반짝거리는 별들이 공연히 있는 것이 아니라 우리 인간에 있는 모든 물건을 떼어 맡아 지키고 있는 것으로 생각하는 가운데, 또 몇 살 먹은 사람은 무슨 별에 매여 있고 몇 살 먹은 사람은 무슨 별에 매여 있다고 하는 것을 믿었습니다. 그런데 나후성羅睺星[045]이라는 별에 매이게 된 연운을 당한 사람은 신수가 심히 불길하니까, 정월 보름에 그림이나 인형을 만들어 그것으로 하여금 내 액운을 대신 싣고 멀리 가게 할 필요가 있다 합니다. 그래서 짚으로 인형을 만들어 거기에 그 사람의 옷을 입혀서 그가 자는 옆에 두었다가 보름날 저녁에 내다버리는 것을 속담에 제웅이라고 하는데, 제웅이라 함이 무슨 뜻인지 자세하지 않습니다.

어떤 사람은 말하기를 신라시절에 동해용왕의 아들로 역신을 쫓는 능력을 가졌던 사람 중에 역질疫疾을 쫓는 능력을 가진 이에 처용處容이라는 사람이 있었는데, 그 이름을 빌어다가 액운을 쫓는 인형을 부르게 된 것이라고 하나 정확한 것은 알 수 없습니다.

---

[045] 개기일식 때 보이는 태양의 코로나 현상

부럼 먹는 뜻은 무엇입니까?

대보름날 새벽에 밤, 호두, 잣, 은행, 무 등을 깨물면서 '1년 열두 달 동안 부스럼을 앓지 말게 하여 주십사' 하는 풍속을 시속時俗에서 '부럼 먹는다'고 합니다. 이 풍속이 어떻게 생겼는지 분명히 말할 수 없으되 중국이나 일본의 풍속을 보건대 정월 초생에 단단한 엿이나 과실을 먹어서 이를 굳힌다는 것이 있습니다.

조선에서는 대보름에 고기구이를 먹는 것을 이구치산적이라 하니 정초 혹 대보름에 무슨 방법으로써 이를 단단하게 하는 예방은 어디고 있는 풍속인데, 우리 부럼으로 먹는 과실을 보건대 잣, 호도, 밤 등이 죄다 껍질이 단단한 과실로써 또한 이구치[046]로 먹는 것이 아닐지 모르겠습니다. 그리고 이런 과실 외에 따로 부스럼 나지 말라는 '부럼'이란 것이 있었는데 뒤에 두 풍속이 한데 합쳐져서 시방과 같이 과실을 깨무는 것이 부스럼의 예방을 이룬 것처럼 생각할 수 있습니다.

---

046 치아를 단단하게 하는 것

답교 踏橋 는 무슨 의미로 합니까?

대보름날 밤에 다리 열두 개를 밟고 지나면 열두 달 동안의 액厄이 없어진다 하기도 하고, 혹은 다리에 탈이 안 난다고 하여 옛날에는 서울에서 가장 이를 숭상하여 이 날 밤에는 나라에서 짐짓 대문을 닫지 않고 순라꾼도 잡지 않으며, 백성은 남녀노소 없이 종로의 인경소리가 나기 무섭게 떼떼히를 지어 몰려나와 광통교廣通橋, 수표교水標橋 등의 다리를 건너며 왔다 갔다 하면서 밤이 늦음을 잊어버렸습니다. 이것을 답교라고 하던 것입니다.

    대보름날은 원체 사람들이 붐비니까 점잖은 양반은 14일에 미리 행하고, 내외하는 아낙네들은 몰려 16일에 행하니 이렇게 해서라도 답교를 해야만 직성이 풀리는 것입니다. 그러나 대보름날 액을 없앤다 하여 다리를 건너다니는 풍속은 중국에서도 성행하던 것이니까 그 시초가 조선에 있지 아니하는지도 모릅니다. 지방에서는 함흥 만세교萬歲橋의 답교가 굉장하기로 유명하였습니다.

2월 초하루는 어떠한 명절입니까?

2월 초하루는 옛날에 역시 설날이라 하여 여러 가지 행사가 있었으나 후세에는 집의 안팎과 세간을 속속들이 깨끗하게 쓸고 닦아서 '좀의 알떨이한다'고 하는 풍속이 서울, 시골 없이 널리 행합니다.

그리고 농가에서는 정월 대보름에 곡식 이삭을 뭉쳐 '볏가릿대'를 세웠다가 이 날 끄집어내어 손뼉만한 송편을 만들어서 일꾼들의 나이, 수효대로 먹여 말하기를 '일하는 기운을 늘려주는 것'이라 합니다. 또 충청과 경상의 두 도에서는 이 날 영등할머니[047]가 나려오신다고 하여 집집마다 굿을 한다 치성을 드린다 법석을 하고, 이 날 날씨의 좋고 언짢음으로써 혹은 '비 영등이 내렸다'하며, 혹은 '바람영등이 내렸다'하여 1년 내 일기가 어떨 것인지를 점친다고 합니다. 여하간 2월 초하루도 본래는 큰 명일이던 것이어늘 후세에 이 날 이름이 없어지고 옛날에 하던 행사가 약간 남아 있는 모양입니다.

---

047 음력 2월 초하룻날인 영등날에 하늘에서 내려온다는 바람을 다스린다는 할머니로, 농가 집집마다 다니면서 집안 사정을 조사하고 2월 스무날에 하늘로 올라간다고 한다

한식寒食이란 것은 무슨 명일입니까?

3월 동안 청명淸明 절기 날이나 혹은 그 뒷날을 한식이라고 합니다. 옛날에 나라에서는 종교상의 이유로 1년에 한 번 봄에 대궐 안으로부터 민간에 새로 불을 만들어서 나누어주고, 거기에 앞서 묵은해에 쓰던 불을 금하여 이 날은 불이 없으니 미리 지어두었던 밥을 찬 채로 먹게 되니 이것이 한식이라는 날입니다.

시속時俗에 이르기를 중국의 춘추시절 진나라의 조정에 가정풍파가 일어나 임금의 아들이 도주할 때 개자추介子推라는 충신이 뒤를 따라 19년 동안 각국으로 돌아다녔는데, 나중에 그 아들이 돌아와서 임금이 되었으나 그 공을 잊어버리고 갚지 아니하니, 자추가 원망하는 일 없이 어머니를 모시고 산중으로 들어가서 숨고 나오지 않았습니다. 임금이 뒤에 정신을 차리고 자추를 찾다가 못하여 산에 불을 질러서 자추가 그만 불에 타죽었으므로, 세상에서 그를 동정하여 그 타죽은 날에 불기를 하지 않고 찬밥을 먹게 된 것이 한식이라 함은 근거 없이 만들어낸 말입니다.

여하간 청명이나 한식쯤은 봄기운이 활짝 퍼져서 풀이 돋고 옛일이 새로 그리워지는 때이므로 1년에 두 번 조상의 무덤을 찾아뵙는 인사를 하는데, 봄에는 이 날로써 행함이 당나라 때로부터 시작하여 후세에 지켜졌습니다. 우리나라에서는 고려 때 이미 벼슬아치에게 이 날 쉬게 해 성묘하게 하는 법례가 있었고, 조선에 들어와서는 서울과 시골, 지위의 높고 낮음 할 것 없이 이 날을 조상께 문안하는 명일로 깍듯이 지키고 감히 어기지 못하게 되었습니다.

삼질3일. 삼짇날 이란 무슨 명일입니까?

옛날에는 3월의 첫 사일ㄹ日: 뱀날을 상사ㅗㄹ라 하여 들에 나가 봄 노래하는 명일로 삼더니, 뒤에는 사일이 들쭉날쭉함을 괴롭게 여겨 3월 3일을 붙박이로 쓰기로 하고 이름은 그냥 상사라 하게 되었습니다. 조선말에 '삼질'이라 함은 3일의 자음이 조금 변한 것입니다.

삼질이라는 명절은 대개 추운 겨울에 웅크리고 들어앉았던 사람들이 따뜻해진 봄볕에 기운을 펴고 물에 다다라서는 때를 씻고발계[祓禊], 들에 나가서는 나물을 캐고답청[踏靑], 운치를 찾는 이는 시냇가에서 술추렴을 하여유상곡수[流觴曲水] 대자연의 품속에서 새로워진 생명의 젖을 빠는 날이었습니다.

신라 이래로 이 날 여러 가지 행사가 있었는데, 조선에서는 이 날 민가에서 보통 진달래꽃으로 떡, 국수, 술을 만들어 들놀이를 하고, 아낙네들은 물맞이를 시작하고 제비가 돌아오는 날이라 하여 그 묵은 집을 고쳐주며, 나라에서는 동문 밖에서 노인잔치를 베풀어 늙은이에게 젊은 기운을 마시게 하는 등 봄에 맞는 여러 가지 행사가 있었습니다.

파일八日은 무슨 날입니까?

4월 8일은 부처님이 나신 날이라 하여 처음에는 절간에서 경축하던 것이지만 고려 이래로 일반민속이 이 날을 큰 명절로 하여 여러 가지 놀이를 베풀고, 조선에 들어와서는 이 날 낮에 탈춤이라는 장난감 저자를 세워 아이들의 기쁜 날을 만들고, 밤에는 관등觀燈이라 하여 서울 한복판에 큰 등대를 세우고 가지각색의 혼란한 등을 천 개 만 개 달고 밝은 초를 일제히 켜서 하늘의 별과 달과 더불어 빛을 다 토하게 하여 사람들의 가슴을 시원하게 하고, 각 가정에서는 집안 아이의 수대로 찬란하게 꾸민 등을 켜서 깜깜하던 밤이 이 날만은 환한 옷을 입었습니다.

한창 시절에 등燈 호사가 그렇게 야단스럽던 것은 옛날 시조에 "하사월夏四月 첫 여드렛날에 관등하러 임고대臨高臺하니 원근고저遠近高低에 석양이 비쳤는데 어룡등魚龍燈, 봉학등鳳鶴燈, 두루미, 남생이며 종경등鍾磬燈, 유등油燈, 북등이며 수박등, 마늘등과 연꽃속의 선동仙童이며 난봉鸞鳳 위에 천녀天女로다. 배등, 집등, 산대등山臺燈과 그림자등, 알등, 병등瓶燈, 벽장등壁欌燈, 가마등, 난간등欄干燈과 사자獅子 탄 체궐이며 호랑이 탄 오랑캐라 발로 툭 차 구을등에 칠성등 벌여 있고 일월등_{日月燈} 밝았는데 동령에 월상_{月上}하고 곳곳이 불을 켠다. 어언 홀언간_{忽焉間}에 찬란도 한지이고 운운_{云云}"이라고 한 말에서 대강을 짐작하겠습니다.

단오端午는 어떠한 명일입니까?

옛날 음양陰陽 철학에서는 1, 3, 5, 7, 9의 기수奇數를 양수陽數라 하고 2, 4, 6, 8, 10의 우수偶數를 음수陰數라 하여 양수가 겹치는 날 곧 3월 3일, 5월 5일, 9월 9일 등이 인생의 생기 활력에 도움이 된다는 이론을 바탕으로 명일로 삼았습니다.

그중에도 5월 5일은 일 년 중에 양기가 가장 왕성한 때이기 때문에 '천중가절天中佳節'이라 하여 특별히 이 날을 숭상하며 쑥이나 창포 같은 양기 돕는 풀로 노리개를 만들어서 차고 목욕도 하였습니다. 옛날에는 정월을 인월寅月이라 하여 5월이 오월午月로 되고 5와 오午를 통용하여 5월뿐만 아니라 5일도 오일午日이라고 했는데, 단端은 처음이란 말이니 단오라는 말은 곧 초 5일이라는 뜻입니다.

무릇 일 년 열두 달에 다달이 초 5일이 있으나 초 5일의 대표는 5월 초 5일이라 하여 단오가 5월 5일의 이름이 된 것입니다. 단오란 말은 물론 중국에서 시작된 말로 중국에서는 이 날에 갈잎에 싸서 찐 밥인 직稷과 창포주菖蒲酒를 먹고, 난초蘭草 물에 목욕하고, 쑥으로 호랑이를 만들어 문 위에 달고, 들에 나가서 나물 캐기 내기를 하고, 강물 있는 곳에서는 배질 하여 먼저 건너가기 내기를 하는 등의 풍속이 있었습니다.

그러나 중국에서보다도 북방민족 사이에서 더 이날을 숭상하여 일 년 중의 가장 큰 명일로 삼고 제천祭天과 같은 중대한 예식을 거행하고 겸하여 경사競射: 활쏘기와 격구擊毬 등 성대한 놀이를 베풀어서 윗사람과 아랫사람이 함께 즐겼습니다.

조선에서도 신라시절 그 전으로부터 이 날을 '수뢰' 또 '수뢰'라고 일컬어서 큰 명일로 치고, 고려시절에는 나라에서 격구를 하고 사나이는 편쌈을 하고 아낙네는 그네를 뛰고 이 밖에도 여러 가지 놀이를 꾸몄습니다. 조선시대는 편쌈, 그네, 씨름, 택견, 편사便射 [048]를 하고 또한 탈춤놀이를 차려서 남녀노소가 한가지로 즐겼습니다. 한편으로 창포물로 얼굴을 씻고 그 뿌리로 노리개를 만들어 차는 중국 전래의 풍속도 유행했습니다.

---

048 편을 나누어 내기하는 활쏘기

유두라는 명일은 무엇 때문입니까?

옛날 사람들은 몸에 부정한 것이 붙음을 크게 두려워해서 가끔 깨끗한 물이 있는 곳에 가서 머리를 감든지 몸을 씻든지 하여 이것을 떨어버려야만 마음이 시원하고, 그렇지 않으면 께끔하여 꺼림칙하여 견디지 못하니 이는 거의 세계에 공통적으로 있는 현상입니다.

신라나 고려 옛날에 6월 15일이면 사람들이 동쪽으로 흐르는 물에 나가서 목욕을 해 더러움을 떨고 그리하여 잔치하고 즐기는 풍속이 있으니, 이것이 유두라는 놀이였습니다. 후세에는 한문으로 유두流頭라는 글자를 쓰고 머리만 감는 것처럼 생각하였지만, 그런 것이 아니라 온몸을 다 씻는 것입니다. 근래에도 특별히 아낙네들이 여름이면 물을 맞는다 하여 서울에서는 정릉내, 광주에서는 무등산 물통폭포, 제주에서는 성판봉성산포 폭포 같은 데서 한번 머리와 몸을 씻어야 견딜 줄 아는 것은 곧 유두가 남긴 풍속입니다.

백중은 무엇입니까?

7월 15일을 명일이라 함은 본래 농사가 이때쯤 되면 김매기를 마치고 잔손 갈 일이 없어져서 농부가 숨을 돌리게 되므로, 우선 술밥을 차려 놓고 씨름도 하고 수박도 치면서 서로 위로하고 즐기는 데서 생긴 것입니다. 그리고 가정에서도 일찍 여무는 올벼로써 사당에 차례를 지냅니다. 이 날을 백중이라고 부름은 출처를 분명히 말하기 어렵습니다.

그런데 불교에서는 이날 '우란분盂蘭盆'이라는 제를 하여 돌아간 부모 형제의 혼령을 위로하고 그네들이 좋은 곳으로 가라고 축원을 하니, 이 때문에 세상에서는 백중이 본래 우란분 공양에서 시작된 것처럼 생각하며 더욱 7월 15일에 하던 다른 행사가 없어져간 요즘에는 백중이 곧 우란분의 별명처럼 되고 말았습니다.

가위는 어떠한 명일입니까?

조선의 허다한 명일 가운데 가장 큰 명일은 8월 가위입니다. 달 밝은 가을밤이라 하여 추석秋夕이라고도 합니다. 이때는 곡식이 익고 과실이 살찌고 채소가 갖추어졌는데, 날씨는 덥지도 춥지도 않고 달은 밝아 속이 시원하니 바쁜 몸이라도 노는 흥이 지겹지 않고, 또 농사가 거의 끝나서 놀자 하면 한바탕 잘 놀 만한 겨를이 푼푼이 있는 때입니다.

그렇지 않아도 8월 가위는 놀기 좋은 명일일 터인데, 여기 다시 역사적 경사가 덧붙어서 명일 되는 가치를 더 크게 하였습니다. 하나는 신라 초부터 여공女功: 길쌈을 장려하기 위해 나라따님공주이 주관하는 아래 서라벌 안의 여자를 두 편으로 나누고 7월 15일부터 길쌈 내기를 시작하여서 한 달이 차는 8월 가위에 승부를 가리고, 지는 편이 음식을 차려다가 이긴 편을 대접하여 노래와 춤으로써 놀고 즐겼습니다. 이 날 임금은 벼슬아치를 모아서 활쏘기 내기를 붙여서 우승하는 자에게 상을 태우는주는 것이며, 또 하나는 어느 때인지 신라가 북쪽의 타국과 더불어 싸우다가 이 날 크게 승전하여 그것을 경축하는 기념일이 되었던 것입니다.

이래서 8월 가위는 전국 상하를 통틀어서 가장 큰 명일로 언제보다도 흥겹게 놀아 그때부터 "1년 360일이 더도 덜도 말고 내내 가위 때만 같읍시다"라는 말이 나와서 시방도 그런 말이 있게 되었습니다. 가위는 한문으로 가배$_{嘉俳}$라고 씁니다.

9일은 어떤 명일입니까?

9월 9일은 5월 5일과 같이 양수가 겹치기 때문에 명일이 되는 것인데 9월 9일은 1년 중의 마지막 날이라는 의미로 특별히 옛날 중국에서는 높은 곳에 올라서 먼 데를 내다보며 즐기고 멀리 객지에 있는 사람은 고향 쪽을 바라보며 집을 생각하는 날이었습니다.

그리고 1년 내의 마지막 피는 국화가 이때 한창이므로 국화를 구경하는 명일이 되었습니다. 조선에서는 신라 이래로 이 날을 명일로 하여 나라에서는 잔치를 베풀고 군신君臣이 즐거움을 같이 하였으며 조선에서는 특별히 3월 3일과 함께 봄, 가을 두 차례 노인잔치를 하는 날이었습니다.

민간에서는 국화전菊花煎과 화채花菜로써 조상께 차례를 올리고 서울서 운치를 찾는 사람은 남북한산과 도봉, 수락산 같은 데로 '하이킹'을 행하였습니다.

10월은 왜 상달이라고 합니까?

1년 내 지어오던 농사가 10월에 와서 끝이 나고 새 곡식 새 과실 등 먹을 것이 풍성해지면, 이렇게 배를 불려 주시고 마음을 흐뭇하게 하여 주시는 하느님이 고마우시고 일월산천 −月山川의 신령이 고마우시고 또 이러한 나라와 우리 집안을 만들어 주신 조상님네가 고마우셔서 우리가 그대로 있을 수가 없는 생각을 합니다.

   그래서 정성스럽고 깨끗하게 떡도 하고 술도 빚어 하느님, 신령님, 조상님께 감사하는 제사를 바치게 됩니다. 마을 안에서는 당산제, 집안에서는 고사, 산소에서는 시제時祭를 지내는 것이 그것입니다. 이렇게 사람과 신령이 한 가지로 같이 즐기게 되는 달로 10월을 12달 중에 첫째가는 상달上月이라고 합니다.

개천절開天節을 말씀하여 주시오.

조선의 건국시조 단군檀君께서 인간을 깨끗하게 하기 위하여 천계로부터 내려오신 것을 고마워하며 경축하는 명절이 개천절입니다. 옛날 단군의 자손이 세운 여러 나라에서는 어디서든지 이 철로써 제천祭天 대회를 열어 하느님 및 국조께 절을 하고, 나라의 큰일을 처결하고 또 온갖 놀이를 베풀어 국민상하가 다 한가지로 이 날을 기념하고 또 즐겼습니다. 그 시기는 대개 농사와, 다른 바쁜 일이 끝나고 국민 전체가 마음을 오로지하여 경축의 정성을 다할 수 있는 때를 가려서 썼습니다.

후세에 10월을 상달이라고 하고 그 초사흘 날을 신성하게 생각했으므로, 10월 3일을 개천절이라 하여 이 날 가장 정성스러운 고사를 각 집에서 지내고 혹은 명산에 들어가서 엄숙하게 치성을 바쳤습니다. 이 고사나 치성에는 몸과 집의 부정을 가장 꺼리고 또 고사 지낸 음식은 문밖에 내지 않고 집안에서만 그 복을 받잡는 것이 예법이었습니다. 그러다가 10월의 큰 고사가 이러한 내력이라는 것을 잊어버리고 그저 천지신명께 바치는 것이거니 하였는데, 10월 고사를 가장 정성스럽게 지내는 법만은 언제든지 다름이 없었습니다. 그리하다가 근래에는 단군의 가르침이 새로워짐과 함께 개천절의 뜻이 다 일반에게 알려졌습니다.

동지冬至는 어떠한 절기입니까?

가을부터 차츰 짧아지던 해가 극항極亢까지 이르렀다가 다시 소생하여 길어지기 시작하는 한限이 동지라는 날이니, 옛날 사람들은 이것을 일양一陽이 다시 돌아온다고 하여 경사스러운 날로 생각하였습니다. 그래서 동짓날을 '작은 설'이라 하여 팥죽으로써 조상께 차례를 지내고 임금과 어른에게 치하하는 인사를 여쭈었습니다.

무릇 동지를 태양이 죽어가다가 다시 살아나는 날이라 하여 경축하는 풍속은 동서고금의 각 민족의 사이에 두루 보는 바로서, 서양에서 예수의 탄일이라는 크리스마스를 큰 명절로 치고 또 새해 비스름하게 아는 것이 실상은 옛날 동지를 경축하는 풍속을 대신한 것이라고 말하기도 합니다.

납향獵享은 무슨 뜻입니까?

농사를 천하의 대본大本으로 생각하고 또 농사는 천지와 만물의 도와주심으로 짓는 것으로 생각하던 옛날에는 농사가 끝나고 나서 천지 만물의 신령에게 반드시 감사하는 제사를 드렸습니다. 한 해가 다 지나가려 하는 섣달에 우리 인생에 공을 세운 만물의 은덕을 갚는 의미로 지내는 제사를 옛날 중국에서 사蜡라고 일컬었는데, 이 사의 이름이 진秦나라로부터 납臘이라고 고쳐지고 그 제사의 의미도 차차 변하여 나중에는 산양사냥하는 짐승으로 조상을 대접하는 제사가 되었습니다. 그 날짜는 여러 번 변천이 있다가 당나라로부터는 동지 후의 셋째 진일辰日을 쓰기로 하면서부터 후세에서 이 법을 따랐습니다.

납향이라는 것은 납으로 지내는 제향이라는 말입니다. 나라와 점잖은 집안에서는 이 날 사당에 차례를 지냅니다. 이 납향 때는 추위가 한고비 극심하여지는 때이므로, 납향 제사를 지내지 않는 일반 민간에서는 납향을 추위를 짐작하는 표준으로 한 명일로 삼습니다. 또 이때에 반죽하여 만드는 약은 1년 내내 변하지 않는다 하여 옛날에는 대궐 안에서 가정상비에 쓸 여러 가지 환약을 이날 만들어서 납

약뇌藥이라는 이름으로 벼슬아치들에게 나눠주는 전례가 있었습니다. 시방 시속에 11월을 지월至月이라 하고 12월을 납월臘月이라고도 함은 동지 드는 달, 납향 드는 달이라는 뜻입니다.

제6장 역사

조선 역사는 어떠한 것입니까?

조선의 민족과 사회와 문화가 언제부터 어떻게 발달해 오고 생장生長해 나가는가를 조리 있게 연구하는 것이 조선 역사입니다. 옛날에는 역사라는 것이 제왕과 특권 계급과 정치와 전쟁과 문학의 기록밖에 되지 않았지만, 시방 역사에 있어서는 이런 것도 모르는 체 하지는 아니하되 대개 뒷줄로 세우고 민족의 생활과 문화의 변천에 관한 사실이 앞줄로 나서게 되는 법입니다. 그러므로 그 전에 바로 큰일로 삼아 기록하던 사실을 시방은 하찮게 대접하거나 또 아주 모르는 체 하고 말기도 하며, 그 전에는 돌아보지 않던 상스러운 일을 도리어 소중하게 떠받드는 것도 많습니다.

한편, 옛날에 갸륵하다던 일이 싱거워지기도 하고 그르다던 일이 옳아지기도 하면서 비판의 표준이 아주 달라지는 예도 무수합니다. 또 시속에 게둥데둥이것저것 옛일을 많이 아는 것을 역사 지식이라고 하는 일이 더러 있지만, 이것은 허접쓰레기 이야기지 역사라는 것이 아니요, 역사라고 하자면 반드시 그 사실의 원인과 결과를 실지로 밝혀서 조리가 분명해야 하는 것입니다. 그러므로 조선 역사는 조선의 모든 것의 발달에 대한 조리 있는 기록이라야 하는 것입니다.

조선 역사의 큰 줄기를 간차롭고 간단하고 알기 쉽게 말씀하여 주시오.

하느님의 자손임을 믿는 백성의 무리가 먼 서방에서 시방의 만주로 오고 다시 조선반도로 들어온 것은 아득한 옛날의 일입니다. 지금으로부터 4천 3백 년 전쯤에 이 백성 가운데서 단군왕검檀君王儉이란 어른이 나서서 처음 나라를 평양平壤에 세우고 이름을 조선이라 하니, 이때부터 평양은 조선반도에서 가장 개명한 땅이 되어서 이 뒤 오랫동안 정치와 문화의 중심지 노릇을 하였습니다.

단군의 이름으로 세상을 다스린 지 천여 년 만에 정치의 형식이 변하여 나라어른을 개아지라고 고쳐 부르면서 다시 천여 년을 지내더니, 중국으로부터 살기 좋은 곳을 찾아 조선으로 밀려들어오는 백성이 많고 이를 제어하기에는 전보다 굳센 정권을 만들 필요가 있어서 중국 사정에 밝은 위만衛滿이란 이가 대신 조선의 임금이 되고, 개아지 임금은 남방인 한韓의 땅으로 옮겨가서 새 나라를 만들었습니다. 위만은 아들 손자 3대에 걸쳐 약 90년 동안 중국 세력이 들어오는 것을 막기에 성공하였으나, 마침내 중국의 임자인 한漢과 크게 충돌하여 오래 싸우다가 내부분열로 인하여 꺼꾸러졌습니다.

단군과 개아지, 위만의 나라는 다 조선이란 이름을 썼으므로 이를 삼三조선이라 하고 또 근세의 조선과 구별하기 위해 고古조선이라 부르기도 합니다. 옛날 조선의 땅에 한漢이 한때 4군을 두었었으나 원주민의 반항으로 다 거두어 가고, 오직 평양을 중심으로 하는 대동강 좌우 지방에 두었던 낙랑군樂浪郡이 오래도록 남아서 중국 사람이 여기에 몰려 살았습니다. 조선의 옛 백성은 우리 가슴 복판에 남의 세력이 들어온 다음에야 비로소 민족이라는 자각이 생겨서 흩어져 나간 각 방면에서 제각기 나라를 만들어 낙랑의 중국 사람을 몰아내고자 힘썼습니다. 이때 생긴 모든 나라들이 압록강 골짜기의 고구려, 함경도 쪽의 옥저沃沮, 강원도 쪽의 예濊와 경기도 이남의 삼한이었습니다.

한韓은 본래 조그마한 나라들이 반도의 남방에 흩어져 살더니 이때에 이르러 경기, 충청, 전라 3도 쪽의 것은 마한, 경상도의 것은 진한, 진한의 서쪽 한 귀퉁이의 것은 따로 변한이라는 세 덩어리를 만들었습니다. 그리고 다시 세월이 지나는 동안에 마한을 만든 여러 연방은 백제에 통일되고 진한과 변한은 그 연립국 중의 신라에 통일되어 더 큰 힘을 이

됐습니다. 이밖에 고구려의 북방에는 예부터 내려오는 부여국이 있어서 따로 한 방면에서 어른이 되었었습니다. 이 모든 나라가 앞뒤와 위아래로 낙랑 고을을 지레질하여 전후 400년의 노력으로써 겨우 그것을 몰아내고 오래간만에 조선 땅이 완전히 조선 사람의 손에 쥐어졌습니다.

낙랑이 물러난 자리에서 고구려, 백제, 신라 세 나라가 세력을 다투는데 북방의 고구려가 옥저와 부여를 어울러서 힘이 가장 굳세고, 도읍을 압록강에서 평양으로 옮긴 뒤에는 국력이 더 늘어서 안으로 백제, 신라가 그에 눌려 지낼 뿐만 아니라 밖으로 수나라와 당나라가 여러 번 백만 대군으로 침노하였으되 다 납작광이가 되어서 물러갈 지경이었습니다. 이렇게 고구려의 기업基業:기세이 어느 만큼 버터 나갈는지를 헤아리기 어렵더니, 반도 동남방의 신라가 무서운 결심으로써 인재를 양성하고 사기를 고무하며 또 외교를 이용하여 든든한 자신이 생겨 부족한 국력을 당에 빌어서 보태가지고 마침 백제와 고구려의 국내에 편당 싸움 있는 기틀을 타서 차례로 그 나라를 엎질러버리고, 드디어 반도통일의 영관榮冠을 썼습니다. 그러나 고구려는 잠시 지도자 집안의 싸움이

난 사이에 도성인 평양이 부수어졌지만, 백성의 대부분이 새 상태를 승인하지 않다가 마침내 시방 만주 일대에 발해국을 새로 세워서 고구려 못지아니한 큰 나라 노릇을 하였습니다.

그러나 조선의 민족과 국토가 마침내 한 덩어리를 이루어라 하는 역사적 약속은 당연히 신라와 발해의 합일할 날을 기다리는 참인데, 신라는 통일의 성취와 함께 안락에 젖어 원기를 잃었고, 발해는 거란이란 신흥 이민족을 끼고 있어서 큰 경륜을 펼 겨를이 없었습니다. 이러한 형세에서 중대한 사명을 띠고 일어난 나라가 고려이니, 먼저 신라를 아우르고 바야흐로 발해에 손을 내밀려 할 때에 그에 앞서서 발해가 거란에 의해 멸망되어 땅은 거란에 빼앗기고 인민만이 고려로 들어와서 고구려, 발해의 옛 땅을 회복하는 것이 이로부터 뒤의 역사적 사명이 되었습니다. 고려는 이러한 자각 아래 거란의 요와 여진의 금과 몽골의 원에 대항하는 항쟁을 계속하여 475년 동안에 대동강, 원산元山에 그쳤던 신라 이래의 구토舊土를 서에서는 압록강까지 이르고 동에서는 함흥평야의 저쪽을 차지했습니다. 복잡하고 다난한 정세에 비추어 보면 이만한 진출 성취한 것도 칭찬할 만한 일이었습니다.

고려의 말년에 대륙진출파_{大陸進出派} 최영_{崔瑩}과 반도 안에서 내실을 기해야 한다는 반도구안파_{半島苟安派} 이성계_{李成桂}가 국민의 지도적 지위를 다투다가 이성계의 음모가 성공하여 모처럼 당도한 민족웅비와 호기_{好機}를 놓친 것은 천고에 섭섭한 일입니다. 하지만 조선 개국 후 또한 능히 동북의 경계를 두만강 유역까지 확대하는 데 성공하고, 이 뒤에도 임진왜란과 병자호란 등 큰 국난을 치르는 중에도 오히려 압록강 상류, 백두산 주위 영토를 완전히 소유한 것은 다 우연한 일이 아닙니다. 국력이 약하여 어찌할 수 없어진 뒤에도 민족의 북진_{北進}이 독자적으로 계속하여 북간도에서 연해주와 서간도[049]로부터 남만주 내지 전 만주, 내외몽고까지 우리의 민족 생활선을 늘려나간 것은 사람으로 하여금 역사적 사명과 민족적 숙도_{宿圖}의 무서운 위력을 못내 감탄케 함이 있습니다.

 무릇 조선 역사의 큰 줄거리는 처음 만주와 반도에 걸쳐서 성글고 엉성하게 흩어져 살던 백성이 민족적 결합을 위

---

[049] 백두산 부근의 만주지방

하여 반도 안으로 뭉쳐 들어왔다가, 그 수가 늘고 세력이 뻗는 대로 생활권을 자연스러운 방면으로 확장해 그 노선이 마침 역사적 구토 회복과 일치하였습니다. 특별한 감투정신으로 노력하여 조선 역사의 큰 줄거리는 어떠한 조건 밑에서도 줄기차게 진보, 발전하여 쉬지 않는 민족생활의 양상이며 여기에 따라 건설, 현양顯揚되는 민족문화의 유일한 축입니다. 그리고 민족문화와 민족생활이 앞으로는 자각적, 의식적 행동이 되는 만큼 그 성과가 점점 효과 있고 가치 있게 전개되리라고 믿습니다.

조선 역사에 나타난 민족문화의 대강을 듣고 싶습니다.

민족문화라는 것은 대체로 한 민족의 독창력을 나타내거나 독창은 아닐지라도 그 민족이 일대 진보와 향상을 보인 문화적 업적이라야 할 것입니다. 이러한 민족문화는 세계 어느 국민에게나 다 존재하는 것은 아니지만, 조선 민족에는 이러한 민족문화가 아닌게아니라 수북합니다. 상고시대의 문화에서도 재미있는 사실을 들 수 있지만, 여기는 아직 고려 이하의 특별한 것만을 약간 말씀하겠습니다.

독창적 방면에 속하는 것으로는 고려 현종 때 해전海戰 상에 한 획을 그은 것으로 전함의 거죽에 무쇠로 만든 충각衝角을 둘러 박아서 큰 적의 배를 들이받는 방식이 창조되어 해전사史에 한 기원을 긋고, 역시 현종 때에 검거劒車라는 병기를 만들어 거란군을 괴롭게 했고, 고종 때에는 대우포大于浦라는 방어장비를 만들어서 몽고병의 성벽을 무너뜨리는 장비인 공성구攻城具를 분쇄하는 데 위력을 발휘했습니다. 무엇보다도 놀라운 것은 언제부터인지 활자를 발명해 써오다가 고려 고종 때에 이르러서는 쇠로 이것을 만들어 크게 실생활에 이바지한 일이니, 이는 실로 유럽의 활자보다 200여 년을 앞선 것으로 인류문명의 3대 발명중 하나가 조선 땅에서 나왔습니다.

그 다음에 항상 진보적 방면에 속하는 것으로는 중국에서 배워온 자기 굽는 재주를 늘려서 모양, 빛깔, 솜씨 모든 것에 세계 최고의 수준을 만들어낸 고려자기가 하나입니다. 10여만 면씩 되는 불교 경전을 세 번이나 각판하면서 글자를 수정하고 책마다 완벽을 꾀하여 고금동서의 영구한 표준이 된 고려판대장경이 또 그 하나입니다. 말년에 화포를 만드는 간단한 방법을 얻어 그 원리를 응용하여 각양각색의 화통 제조에 성공하여 그악스럽던 왜구를 제압했던 최무선의 사업이 또 그 하나입니다. 이만하면 고려의 문화를 찬미할 만하지 않습니까?

조선왕조는 어떠냐 하면 고려의 문화를 발전시켰다고 할 수 있습니다. 충각을 확대한 귀선龜舡: 거북선은 세계에 있는 철갑선의 시조로 일컬어지는 것입니다. 화통의 발전인 비격진천뢰飛擊震天雷와 화거火車는 박격포와 기관포의 효시라 할 것입니다. 한편 활자는 태종조의 동활자 이후로 개량을 거듭하여 그 효과가 외국에까지 전하였습니다. 조선왕조의 독창성에 속하는 것으로는 세종조의 측우기 실시와 임진란의 비거飛車[050] 사용이 세계에서 수백 년 씩 앞선 것입니다. 또 건축의 원각사탑과 저술의 『의방유취醫方類聚』, 천문의 간의대簡儀臺, 지리의 대동여지도大東輿地圖 같은 것이 모두 민족문화의 광채를 잇는 면면입니다. 그리고 불교의 원효元曉, 유학의 이퇴계李退溪, 의리醫理에서는 사상의학의 이동무李東武, 훈민정음 창제, 풍운기風雲記[051]의 축적 등은 다만 우리 민족뿐만 아니라 마땅히 세계문화사에 정말 이채로운 일입니다.

그러나 이러한 조선 및 조선인의 창작 발명은 대개 일시적 섬광에 그치고 계속적 발전을 보이지 못하였고, 국가의 애용에 그치고 세계적 영향을 주지 못한 점에서 그 가치를 깎을 수밖에 없습니다. 조선인의 공적으로 하여 인류가 덕을 입은 것은 극히 미미하며, 다만 조선인의 심력과 지력이 이만큼 갸륵하다 함을 증명하는 거리쯤 됩니다.

원래 문화의 의의와 민족의 가치는 결국 세계인류에 대한 공헌과 실적으로써 판정되는 것이니, 그러므로 조선인이 문화민족으로 세계에 번듯이 서려 하면 모름지기 이 능력을 세

---

[050] 사람을 태워 공중으로 날아다닐 수 있게 만든 수레
[051] 조선시대 관상감의 121년간 기상 관측 기록

계적, 인류적으로 떨쳐야 합니다. 민족문화는 그만두고 세계문화를 건설하기에도 우리 슬기와 힘이 모자라지 않는 것만은 가지가지의 사실로서 분명히 드러난 바이거니와 문제는 다만 우리 가운데서 '레오나르도 다빈치'와 '아인슈타인'이 나오느냐 못 나오느냐에 있습니다. 민족문화의 귀결은 마침내 세계문화에의 분담 역량에 있는 것입니다.

조선 역사의 특점特點이 무엇이겠습니까?

조선 역사는 장원長遠하고 복잡한 만큼 그 특점을 다방면으로 관찰해야 합니다만, 그 가장 근본이 되는 사실은 첫째 사회의 전통이 줄기찬 점입니다. 세계에서 오래된 나라에 꼽히는 이집트, 인도, 중국이 이제까지 오는 동안에 고유한 전통이 몇 번인지 모르게 다른 민족 때문에 끊어졌건만, 조선은 건국 4천 년 동안에 단군 이래 독자적인 사회가 중단되지 않고 내려왔습니다.

혹시 기자와 위만이 중국에서 오지 않았느냐 할는지 모르겠는데, 새 연구에 의하면 기자는 단군시대의 후기에 임금의 칭호를 '개아지'라고 부르던 말을 중국 사람이 기자라고 억지로 갖다 붙인 것입니다. 위만이란 사람은 중국사에 연燕나라 사람이라고 하였지만 시방 요동지방은 조선 땅도 되고 연나라 땅도 되는 중간지대인데, 위만은 이 요동의 사람으로서 초년에는 중국에 가서 활동하고 후년에는 조선으로 돌아와서 중국 세력이 조선으로 들어오는 것을 막기에 애쓴 일을 보아서 본래 조선 사람임이 의심이 없습니다. 설사 기자와 위만을 중국 사람으로 칠지라도 기자와 위만의 조선이란 것이 반도 서북의 한 귀퉁이에 그치니까 조선 전체의 전통이 끊어졌다고 못하겠거늘, 더구나 기자개아지와 위만이 중국에 관계없다 하면 단군의 뒤를 개아지가 계승하고 개아지의 뒤를 위만이 대신한 것은 우리나라 집안끼리의 자리다툼이니까 조선의 전통으로는 줄곧 그런대로 있는 것입니다.

그러면 조선의 전통이 참으로 끊어진 일은 최근 30여 년 동안 일본의 통치를 받은 일이 있을 뿐이나 이것은 따로 의논하기로 하고, 대체로 조선의 역사적 전통은 줄기차게 조선민족의 손으로만 붙들고 내려왔음이 분명한 사실입니다. 저 이집트는 페르시아로, 희랍이 로마 이래로 근세의 터키·프랑스·영국 등으로 주도권이 이리저리 넘어 다니고, 중국은 가까운 천 년 동안 만에도 거란민족인 요가 9대 219년, 여진민족인 금이 10대 120년, 몽고민족인 원이 11대 109년[052], 또한 여진민족인 청이 12대 297년을 차지한 만큼 그 대부분이 이민족의 밑에서 헐떡였습니다. 인도 같은 것은 본래부터 역사적 전통이란 것이 있다 할지 없다 할지부터가 의문인 데

---

052   태조 이래로는 15대 153년

다가 근세에는 몽고인의 무굴제국, 16세기 이후로는 프랑스와 영국의 밥이 되어서 거의 인도인의 인도라는 것을 볼 겨를이 없었음에 비하면, 조선 역사만큼 오랜 전통이 곱다랗게 내려오는 나라는 세계에서 싹이 드물다고 할 밖에 없습니다. 이렇게 사회 전통의 이어 내려옴이 조선 역사의 최대 특점입니다.

일본 사람이 또한 그 기업基業[053]의 장구함을 자랑하는데 거기 비교해 말하면 어떻습니까?

일본은 치우친 바다 위의 외로운 섬으로서 그 역사란 것이 마치 그네들이 만드는 목판 위의 가짜 돌산과 같고 그네들 상담常談: 속담의 '상자에 담아둔 색시'와 같습니다. 그 자랑과 욕이 한 가지 궤짝 속의 것이요, 인류적 흥미와 세계적 의미로서 의논할 가치가 없습니다만, 그들이 말하는 것이 국토가 남의 발길에 짓밟혀 본 일이 없다는 둥, 왕실의 계통이 하나로 내려왔다는 둥 하는 것이 사실이라 하여도 그것이 그리 대단할 것이 없습니다.

왜냐하면 그것을 빼앗아봐야 보탬이 될 것 없고 그것을 아니 가져도 결함될 것이 없어서 대륙의 풍운이 거기까지 미칠 필요가 없으니 비교적 온전하게 지낸 것이지, 제법 천하의 득실에 긴밀한 관계가 있었으면 누가 무서워서 손을 대지 못하겠습니까? 이 사람 저 사람이 덤볐는데 까닭 없이 나왔다는 것입니까? 비꼬아서 말하면 역사 무대의 버림치가 되어서 한구석에 무사히 남아 있었다는 것이 무슨 자랑이겠습니까? 가끔 원나라가 두 번 침입하였으나 원나라 군사가

053　국가의 토대를 구축하고 관직체계를 정비하여 왕업의 터전을 닦는 것

상륙하였던 지방에서 참혹하게 패한 자취를 보면 원나라가 약하거나 일본이 강했던 것이 아님을 알 것이요, 더구나 원나라의 실패가 일본사람 때문이 아니라 공교로이 큰 바람에 배가 다 뒤집어져서 후방과의 연락이 끊어진 것에 불과하니, 오죽해야 저희 깐에는 신령님의 주신 바람으로 이겼다고 하지 일본이 강했다는 말은 감히 옮기지 못하지 않습니까?

조선은 땅이 천하의 요충지에 있어서 무릇 대륙에서 큰 활동을 하는 민족이나 나라는 먼저 여기를 조처하여 놓아야 하므로, 그런 때마다 조선은 사나운 무리의 흉악한 짓밟음을 당할 운명에 처하여 있었습니다. 그래서 4천 년 역사란 것이 실상 대륙의 모든 강대하다는 민족과 쉴 새 없이 씨름을 하여 나온 기록입니다. 만일 조선 민족이 웬만큼 약했다고 하면 그동안 몇 번 없어졌거나 아주 사라져버리고 말았을지 모를 터이거늘, 이 가운데 온갖 풍운을 다 겪으면서 나라와 백성이 저대로 지녀 나왔다고 하는 것은 실로 세계 역사에 유례를 찾아볼 수 없는 일대 기적이 아니랄 수 없습니다.

페르시아도 결딴나고 로마도 망하고 청나라는 민족조차 녹아 없어진 것을 보시오. 더 핍절하게는 유럽의 발칸반도가 어떻게 흥망무상興亡無常한 운명에 울고 있음을 보시오. 조선이 살아남은 것이 쉬운 일이라 하겠습니까? 가령 일본으로 하여금 조선과 같은 처지에 서게 한다면 그 접시 굽 같은 소견과 팩한 성미에 나라와 백성이 벌써 어느 옛날에 바스러져 없어졌을는지 모릅니다. 또 상스런 말로 비유하면 골방 속에 깊이 가두어놓은 색시가 행실이 깨끗하다 해도 그 처지가 깨끗하지 않아서 자랑할 일이 되지 못하지만, 장거리에 술집을 내고 있어 손님에게 시달리면서도 어른 같은 마음과 옥 같은 지조가 때에 물들지 않는 것이 참으로 자랑입니다.

일본은 골방 속 색시고 온실 안 화초요, 조선은 동양 역사의 장거리에 앉은 늠름한 여장부요, 서리 아래 국화요, 눈 속의 매화요, 또 바람 가운데 대竹요, 진흙에 핀 연꽃으로 계속 몰려 지내면서 한 번도 몸을 더럽히지 않은 절대 철부哲婦였습니다. 일본의 만세일계萬世一界를 천이나 만을 곱해 가지고 와도 조선이 백 번을 꺾여도 소진하지 않고 의연히 자주 자립하여 왔음에는 비하지 못할 것입니다.

조선 역사의 그 다음 특점은 무엇입니까?

조선 역사에서 보이는 또 한 가지 큰 특점은 운명에 굽히지 않는 끈덕짐이니, 이러한 성격은 갖가지 일과 모습에 나타나 있거니와 더욱 국민적 지조를 굳이 지키는 위에 선명하게 드러났습니다. 하나는 나라가 멸망한 경우에 새 정권에 굴복하지 않고 기어코 옛 나라의 부흥을 생각하며 아무리 해도 도리 없는 경우에도 여전히 그 전 나라의 백성이라는 생각을 갖고 나가는 태도입니다. 저 백제와 고구려가 신라와 당의 연합군에 멸망당한 뒤에 두 나라 백성의 고국부흥운동이 오래도록 끊이지 않다가 고구려의 유민이 새 나라 발해를 만든 것이 그 일례입니다.

또 발해가 거란에 멸망당한 뒤에도 발해 유민의 부흥 운동이 기회 있는 대로 고개를 쳐들어서 정안국定安國, 흥요국興遼國, 대원국大元國 등이 서로 이어 일어난 것도 그 일례며, 고려가 망한 뒤에 송도의 백성이 500년 동안 일관적으로 조선에 대하여 불복하는 태도를 지니고 왔었음과 최근 일본의 도적질 정권이 더없이 흉측하고 극악한 방법으로 탄압을 더하고 동화를 강요하였으되, 조선인의 저항이 조금도 쇠퇴한 일이 없고 그대로 반발하여 나왔음 등이 또한 그 일례입니다.

또 하나는 외국의 어떠한 강압이 닥쳐올지라도 결코 겁을 집어먹거나 기운이 꺾이지 않고 어디까지 내어 받아서 도리어 그를 꺾으며 하는 수 없이 형식으로 굽히게 될지라도 반항 정신은 갈수록 날카로워지는 태도입니다. 고구려 을지문덕乙支文德이 수에 대항하고 연개소문淵蓋蘇文이 당 태종에 대항한 것은 모두 알로써 돌을 때리는 형세였지만 기어코 되받아서 거꾸러뜨린 것이 그 일례며, 고려의 요와 금에 대한 것도 그러려니와 더욱 몽골이 천하를 석권하는 형세로 반세기 가깝게 탄압을 더했지만 끝내 무력에는 굽히지 않고 도리어 평화로운 방법으로 서로 친화하게 되었음이 그 일례입니다.

조선에 들어온 뒤에도 임진왜란에 활을 가지고 총을 막아 나라의 목숨이 압록강을 한금 밖에 안 남겼으면서도 7, 8년간 악전을 견디면서 최후의 승첩을 거두고 말았음이 그 일례며, 더욱이 정묘년과 병자년 두 번의 호란으로 지친 나라로서 신흥한 세력을 대항하는 처지였지만 조금도 의기가 꺾이지 않고, 나중에 임금은 부득이한 굴복을 면하지 못하였으나 일반 민심의 만주족 청나라에 대한 반항심은 수백 년에 변함이 없었음이 또한 그 일례입니다.

조선은 여러 가지 이유로 외국에 대한 적극적 활동은 적었으되, 그 소극적 저항의 끈질김에 있어서는 세계에서 짝을 찾을 수 없음이 사실입니다. 비록 대세가 결정하여 가히 피치 못할 운명임을 알면서도 불의하고 무리한 압력에 대하여는 이해관계를 초월한 저항을 계속하여 염증을 낼 줄 모름이 조선인의 집요한 일면이요, 이것이 역사 위에서 일종의 독특한 국민 정신적 강인함을 나타내고 있습니다.

조선 역사의 또 그 다음 특점도 말씀하여 주시오.

조선 역사의 두드러진 특징 중 또 하나는 장구한 역사의 과정이 명백한 한 목표로 한 걸음 한 걸음 느리지만 쉼이 없고 조금 조금씩이지만 영락이 없는 사실로 나아가고 있다는 점입니다.

그 하나는 중심을 향하여 엉켜 들어오는 진행입니다. 곧 조선 민족은 본래 대륙으로부터 반도에 걸쳐서 임자 없는 넓은 땅을 차지하여 성긋푸석하게_{뿔뿔이} 헤어져 살다가 대륙이 여러 민족의 경쟁 각축하는 무대가 되자 우리의 혈족 관계와 문화 계통을 찾아서 구심적으로 모여들기 시작하니, 고대에 있어서 북방의 부여가 고구려로 합하고 고구려가 반도로 들어오고, 고구려, 백제, 신라가 기어이 통일을 위해 노력하여 남방에 치우쳐 있는 신라가 최후의 승자가 된 것은 조선의 민족과 문화가 좀 더 순수하고 충실한 용광로를 찾아들어와 단적으로 투철한 조선민족을 추출하려는 약속이 있었습니다.

그런데 종래의 민족 성립의 거재去滓[054]·승화·외연·포섭

---

[054] 물건의 찌꺼기를 추려 버림

작용 등을 계속하여 오늘날까지 진행하고 있음을 주의해서 할지니 얼른 보기에는 파쟁벽派爭癖 같은 것, 지방성 같은 것, 계급의식 같은 것이 오히려 눈에 띄지만 실상을 들여다보면 원융충족圓融充足한 민족을 완성하기 위해서는 갈고 닦고 단련하는 데 필요한 과정일 뿐인 것들입니다. 조선 민족은 세계에서 가장 오래된 대혈연체大血緣體이지만 민족적 응집과정이 가장 늦고 느린 집단이기도 합니다. 그러나 우리는 수천 년의 시간을 가지고 천천히, 하지만 분명하게 민족의 완성을 향하여 전진하려는 목적을 추진하고 있고, 또 세계의 진운과 내외의 정세가 이제는 그 전 같은 느리광이 노릇함을 허락하지 않고 얼른 확실하고 건전한 민족의 격을 성취하라고 하는 것도 사실입니다.

또 하나는 이렇게 강화되고 육성되는 민족적 역량으로 그때그때의 정세에 허락되는 옛 땅을 거둬서 늘어가는 민족 번식력의 주체에 대응하려는 원심적 발전 작용입니다. 신라라는 통일체가 생긴 다음에 여러 가지 장애 조건을 치워버리고 고려가 그 뒤를 받아서 압록강 방면의 회복을 성취하고, 조선왕조가 또 그 뒤를 이어 두만강 방면의 회복을 완수하였으며, 그 뒤 가장 불리한 조건 아래에서 백두산의 사방을 회수한 다음 북간도를 사실상 조선의 연장이 되게 하고, 거기 이어 서간도로 씩씩한 진출을 보이고 잡은 참에 다시 만주·몽고·시베리아로 소리 없는 약동과 기척 없는 침투를 내키고 있음은 진실로 1천년 이내의 역사적 사실이 명백하게 보여줌과 같습니다.

사실로 말하면 이것이 우리 스스로 의식하고 하는 일이 아니요, 또 아무도 추진하지는 않지만 생활상의 요구요, 역사적 사명이요, 민족적 숙명인 만큼 우리가 이 노선을 행진하며 또 아무도 이 행진을 저지하지 못하는 것입니다. 세계에는 목적을 가지고 역사 행진을 하는 국가와 민족이 있으니 독일의 프랑스와의 대항, 러시아의 아시아에서의 남하운동 및 부동항不凍港 요구와 같음이 그 예입니다. 여기 비하여 더 절실하고 더 자연스럽고 또 항구적인 것이 조선 민족의 북진 목적입니다.

그리고 다른 국민의 목적은 그 내부에 억지가 있는 만큼 항상 투쟁이 있으며 진퇴가 있지만, 조선 역사의 북진성은 자연스럽고 당연한 것이기 때문에 늦을 법도 하지만 물러남이 없이 나아가고 줄어듦이 없이 더하여 계속 변함이 없습니다. 곧 조선의 역사는 구심적으로 뭉치는 조선 민족이 그 역량이 느는 만큼씩 북으로 북으로 원심적 발전을 실현하여 나가는 기록임이 분명합니다. 이렇게 명백하고 단적인 목적성의 역사는 진실로 세계에 그 짝이 없으리라고 말할 수 있습니다.

조선 역사는 어떠한 때에 영광을 가졌습니까?

어느 나라든지 그렇겠지만 조선 역사에서 영광榮光이 혁혁赫赫한 책장을 거들떠보면, 거기는 반드시 국내의 중심 세력이 든든하게 서서 국론이 하나 되고 민심이 단합하여 다 한가지로 용감하게 매진하는 아름다운 모양이 보입니다. 그 일례는 신라가 이를 악물고 바야흐로 삼국통일의 위업을 달성하고자 할 때, 진흥왕 이후 문무왕까지 이르는 1백 수십 년 동안 보였던 상하관민上下官民, 문무승속文武僧俗, 남녀노소를 막론한 국민 전체의 아름다운 일치와 눈물겨운 노력은 드디어 반도 한구석의 작은 나라로 하여금 동방에 있는 통일정권의 최초 건설자가 되는 영광을 갖게 한 것입니다. 이 기간의 신라는 진실로 국민생활에서 만고의 귀감龜鑑입니다.

또 일례는 고려 때에 밖으로는 거란과 여진에 실컷 물려 지내고 안으로는 사치의 해독害毒과 문무 간의 티격태격으로 국가의 원기가 후줄근해진 끝이지만, 한번 최충헌崔忠獻이 강력한 정권을 세우고 국가의 탕개고삐를 단단히 틀어쥐어서 국론과 국민의 뜻을 국가최고의 노선으로 집약해서 통제적으로 발휘하여 능히 세계 정복을 꿈꾸던 교만한 아이 몽고에 반세기 동안 저항하면서 숨가쁨을 모른 것이니, 이 또한 국가의 통일 결속된 힘이 어떻게 초월적인 위력을 낼 수 있는지를 우리에게 가르쳐주는 사실입니다. 국민의 단합과 일치가 있는 곳에는 약하고 작은 것이 없으며, 무섭고 어려운 것이 없으며, 구하여 얻지 못할 영광이 없었습니다.

조선 역사의 치욕스런 책장은 어떠한 때에 기록되었습니까?

조선 역사의 부끄럽고 욕스럽고 더러운 부분은 예외 없이 국민 의식이 분열하여 집안끼리 싸우는 통에 기둥 밑을 좀이 파먹게 버려두고 문밖에 범이 있음을 모르는 때에 생겼습니다. 작은 감정에 큰 의리를 잊어버리고 사사로운 욕심에 공적인 화해를 돌보지 않고 각각 제가 옳다, 제가 잘났다, 제가 가져야 한다고 헐뜯고 떼밀고 으르렁거리는 통에 서로 글러지고 어리석어지고 죄다 잃어버리고 마는 딱한 모양을 냄새나는 책장에서 우리가 구경합니다. 맞붙들어야 할 종잇장을 서로 잡아 뜯는 어리석은 무리, 병든 사람을 붙들어 세운다고 좌우 쪽에서 한쪽 팔 한쪽 다리를 각각 잡아당기는 철없는 무리, 나라보다 제 주견 세우기를 위주로 하는 무리, 쥐 잡을 생각만 하고 독에 돌을 던지는 무리, 미운 놈이 잇달아 같이 탄 배에 구멍을 뚫는 무리가 뿔뿔이 어지러이 뛸 때에 조선의 역사에 흙칠이 되고 피투성이가 되고 울음소리가 울려 나왔습니다.

그 한 예가 수나라의 백만 대군을 썩은 잎 날리듯 몰아내던 고구려도, 지도자 연개소문이 죽고 아들들의 사이가 사나와지는 틈을 타서 적국의 검은손이 이리로 들어와서 나라 뿌리를 뽑아버린 것입니다. 또 서생書生끼리의 예기銳氣 다툼으로 생긴 동인과 서인의 싸움이 마침내 조선을 두 편으로 가르고 나라를 두 조각으로 나눠 정신없이 싸우는 것을 왜적 도요토미 히데요시豊臣秀吉의 사나운 몽둥이가 날아와서 휘두들겨 하마터면 나라를 잃을 뻔 했던 임진왜란이 그것입니다.

또 한 예는 친일이니 친러니 하고 제 정신없이 남의 그늘만 찾아다니는 그때에, 기다리는 두 놈은 반씩을 먹자커니 혼자만 먹겠다거니 하여 싸움 끝에 그중 한 놈의 밥이 되어 버린 한국의 말년 운명이 그것입니다. 아무리 굵은 것도 나뉘면 가녀리고 아무리 가는 것도 합치면 굳세어짐은 변함없는 사실입니다. 어떻게 여러 번 국내분열로 하여 쓰라린 채찍을 맛본지도 모르는 조선 사람이 무엇보다 경계할 것은 한 민족으로서 여러 파가 되어 찢고 발기는 일입니다. 아름다운 핑계로 하는 싸움이 추악한 역사를 또 한 장 만들어 내는 것을 언제든지 피해야 합니다.

조선의 민족성을 말씀하여 주시오.

역사를 통하여 조선인의 민족성을 살필진대 그 장점이라 할 것은 낙천적이고 결벽성이며 부지런함이요, 지구력과 용맹함 등이요, 그 단점은 형식을 지나치게 중히 여김이요, 조직력과 단합심, 소속성이 약함이요, 그리고 용감하고 예리하지 못함이요, 뒷걸음질치거나 고지식함 등을 들 수 있습니다. 그러나 그중에는 근본적인 것과 환경에 인한 제2차성, 제3차성의 것이 있음을 변별할 필요가 있습니다. 그리하여 현대생활을 표준으로 하여 합당한 것은 조장하고 병폐되는 것은 교정하며 또 숨은 미덕은 끄집어내고, 길들여진 악습은 뽑아버리기 위해 노력할 것입니다.

조선인은 파쟁성派爭性과 사대성事大性이 있다는데 과연 그렇습니까?

이해를 달리하는 사람끼리 덩어리져 대립하는 것이 파쟁이요, 약하다는 자각에서 강한 자에게 의뢰하려는 태도를 사대성이라 하면, 이는 인류의 공통된 성질이지 결코 조선인에게만 있는 악덕이 아닙니다.

무릇 신라가 삼국통일에 중대한 모순이 있는 것을 이내 조화를 이루지 못하고, 고려가 제도를 정비할 때 분수가 넘는 버림새[055]를 바로 잡지 못한 것, 불교나 유교 등 외래사상을 섭취하면서 총명하지 못한 점도 있고, 과거제도를 실시하면서부터 상문경무尙文輕武[056]의 폐해가 걷잡을 수 없어지고, 또 가끔 외래 세력의 흑책질에 덕성이 파괴된 것 등 여러 가지 역사적 연유가 있고, 혹은 사회력의 이완, 통제 기능의 약화를 이루고, 혹은 생활을 위협하고 사상을 혼탁하게 하여 그 결과로 어떤 때는 파쟁을 일으키고 어떤 때는 사대경향을 보인 일이 있지만, 이런 것이 이른바 제2차성, 제3차성의 것이요, 우리의 본래의 성질이라고는 생각할 수 없으며 사회 불안이 제거되고 민족의 양심이 회복되면 얼른 불식되고 정화될 것입니다.

---

055 사치스러운 태도
056 문을 숭상하고 무를 경시하는 풍조

역사를 거울로 하여 우리가 급히 고쳐야 할 병통은 무엇입니까?

조선 역사에 나타난 민족적 국민적 불건전성을 설명하지 않고 그 조목만 말하면, 자주정신이 든든하지 못함과 전체의식이 분명치 못함과 공평심이 부족함과 책임 관념이 없음과 조직적 행동에 소활함 등이 두드러진 점들입니다. 그런데 이 모든 것은 탄탄한 민족이 되고 옳은 국민이 되고 완전한 근대 생활을 영위하는 데 지극히 큰 결점들입니다. 이 악덕을 얼른 벗어남이 하루 바삐 건전한 신新조선을 건설하는 첫걸음임을 생각하여 반성하고 개선하는데 힘쓰지 아니하면 안 됩니다.

조선 역사를 읽을 때 가장 슬픈 일은 무엇이겠습니까?

조선의 국토는 훌륭하며 조선의 민족성도 아름답습니다. 그러므로 원칙적으로 슬퍼할 일이 없어야 옳겠지만, 우리 역사의 군데군데에는 참으로 가슴을 부여잡고 통곡해도 시원치 못한 책장이 분명히 있습니다. 무엇이냐 하면 지리적 관계로부터 가끔 다른 신흥민족의 침략을 받게 됨은 어쩔 수 없는 일인데, 이러한 때에 간혹 극악무도한 무리가 조국을 배반하고 적에 달라붙는 나라와 동포를 배신하는 최악질 반역 행위를 감히 하는 일이 있습니다.

이를테면 고려가 원에 물려지낼 때 지금의 서도 쪽에서 앞서서 홍복원洪福源이란 놈은 평양지방을 바쳐 원으로 들어가고, 최탄崔坦이란 놈은 자비령 이북을 바쳐 원나라에 붙고, 함경도에서는 조휘趙暉와 탁청卓靑이란 놈이 영흥지방을 원나라로 던져서 이 때문에 고려의 조정이 얼마나 애를 먹고, 또 조선 민족의 북진운동이 크게 방해를 받았던 것은 역사를 떠드는 이가 통탄하여 마지않는 바입니다. 이러한 무리는 어느 나라든지 다 있는 것이기에 그리 슬퍼할 것이 있으랴 할지는 모르지만, 한두 놈의 불의한 부귀로 말미암아 한 나라, 한 민족이 비통한 운명에 울게 됨을 보고는 책을 던지고 한숨을 쉬고 울지 아니치 못하는 것입니다. 우리의 주변에는 언제든지 적국이 있거니와 우리의 앞길에는 다시 이러한 역도逆徒가 없어야 하겠습니다.

민족이 외적外敵의 밑에 들어 있을 때에 가장 한심스러운 일은 무엇입니까?

나라와 민족을 막론하고 불행한 운명을 만나서 다른 나라와 민족의 밑에 억눌려 지내는 시기가 없을 수는 없으며 더욱 조선과 같이 대륙의 중요한 지점에 있는 나라로서는 지난번 일본과의 관계와 같은 봉변을 당함이 또한 어쩔 수 없는 일입니다. 이러한 경우에는 정치상 경제상과 개인적 사회적으로 기막힌 고통과 손해를 보는 것이 헤아릴 수 없지만, 이 모든 불행보다도 더 크고 근본적인 화액禍厄이 따로 있으니 그것은 곧 국민 도덕의 타락과 민족윤리의 파괴입니다.

원수의 주구走狗가 되어 조국과 동포를 못살게 굴고 동포를 희생하여 구적의 환심을 사는 갖가지 악덕 가운데 어느 것이 서럽지 않겠습니까마는 그중에서도 절치액완切齒掘脘[057]하고 통분심증痛憤深憎[058]하는 것은, 구적의 술책에 휘말려 우리 내부의 분열을 만들고 또 그것을 아름다운 이름과 좋은 말로 포장하여 자기를 기만하고 스스로 속이는 최악의 반민족행위입니다. 민족은 본래가 덩어리 된 백성을 의미하는 것인 만큼 그 덩어리 되는 성질을 잃어버리면 이미 민족이

---

057 이를 갈고 팔을 걷어붙이며 매우 분해함
058 원통하고 분하여 깊이 증오함

란 것은 없어지게 됩니다. 그러므로 어느 민족을 억누를 때는 반드시 그 민족을 분열시켜서 먼저 약하게 만들고 마침내 없어지도록 정책을 베푸는 것입니다. 혹은 주의와 이념의 대립을 꾀하며 혹은 단체와 계급의 항쟁을 돕고, 혹은 사적인 생활과 인간적 교제까지 동족끼리의 질투·시의·모함·배제 또는 어수선하고 소란스러운 분요紛擾·투쟁 등의 독소를 살포하여 기어코 동족애의 발생과 성숙을 방해하는 것이 그들이 의례로 쓰는 정책입니다.

그런데 그에 맞춰서 이익과 욕심에 눈이 어둡고, 혹은 지위에 마음이 팔려 의식적 무의식적으로 그 구적의 술책에 휘말려서 자기분열 행위를 거듭하게 된다면 세상이 이만큼 한심스럽고 개탄스러운 일이 다시 있으리까? 그런데 피압박민족의 사이에는 이런 가련한 상태가 흔히 보이고 일본의 지배 아래 있었던 우리도 아주 그 통례를 벗었다고 할 수 없었습니다.

또 이렇게 전체적 의미의 것 말고도 이민족의 권력에 눌려 있는 때에는 권력자 편에 등을 기대는 것 하나가 어리석은 자를 현명케 하고 악한 자를 선하게 하고 잘못된 자를 옳게 하고 약자도 강하게 함으로써, 사회에는 윤리의 기준과 도덕의 규범이 아무 권위를 가지지 못하고 다만 권력의 주체인 이민족에게 아부하고 복종함이 인간의 최대 능사로 간주됨을 막을 수 없는 일면이 있습니다. 이렇게 윤리 도덕의 정당한 규범과 기준을 가질 수 없는 것이 압박을 받는 인민의 가장 근본적인 비애이며 그러노라니까 사람으로 옳은 사람 노릇을 할 수 없으니 서럽고 말고 더 할 말이 있습니까.

조선 역대의 대수代數와 연수年數를 알고 싶습니다.

단군조선은 대수 불명不明이고, 개아지 조선은 40여 대로서 단군과 개아지의 양 조선의 역년은 분명히 갈라내기 어려우며 또한 그 본질이 서로 같은 것이니까 합해서 치는 것이 무방한데 고전에 내려오는 것을 보건대 양조의 합이 2140년입니다.

나라	대	연수年數
위만조선	3대	역歷 87년
낙랑		역 421년(전한 116년, 신 15년, 후한 196년, 위 45년, 서진 45년 포함)
신라	56대	역 992년(통일 전 29왕 724년, 통일 후 27왕 268년)
고구려	28대	역 705년
백제	31대	역 678년
발해	14대	역 282년
고려	34대	역 475년(신라 항복 후로는 457년)
조선	27대	역 519년(대한제국 15년 포함)

조선왕조의 열조列朝 사실을 대강 일러 주시오.

조명朝名	계系	휘諱	재위년	수壽	능陵
태조太祖	환조자춘桓祖子春3자	성계成桂 개단改旦	7	74	양주 건원릉建元陵
정종定宗	태조 제2자	방과芳果 개경改曔	2	63	풍덕 후릉厚陵
태종太宗	태조의 자子	방원芳遠	18	56	광주 헌릉獻陵
세종世宗	태종 제3자	도祹	32	54	여주 영릉英陵
문종文宗	세종 장자	향珦	2	39	양주 현릉顯陵
단종端宗	문종 자	홍위弘暐	3	17	영월 장릉莊陵
세조世祖	세종 2자	유瑈	13	52	양주 광릉光陵
예종睿宗	세조 차次자	광光	1	20	고양 창릉昌陵
성종成宗	예종 형兄자	혈娎	25	38	광주 선릉宣陵
연산군燕山君	성종 장자	융㦕	12	31	양주 해등촌海等村
중종中宗	성종 차자	역懌	39	57	광주 정릉靖陵
인종仁宗	중종 장자	호峼	1	31	고양 효릉孝陵
명종明宗	중종 차자	환峘	22	34	양주 강릉康陵
선조宣祖	중종 손자	공公	41	57	양주 목릉穆陵
광해군光海君	선조 제2자	혼琿	15	67	양주 적성동赤城洞

인조仁祖	선조 손자	종倧	27	55	교하 장長릉
효종孝宗	인조 차자	호淏	10	41	여주 영英릉
현종顯宗	효종 자	연淵	15	34	양주 숭崇릉
숙종肅宗	현종 자	순淳	46	60	고양 명明릉
경종景宗	숙종 장자	윤昀	4	37	양주 의懿릉
영조英祖	숙종 차자	금昑	52	83	양주 원元릉
정조正祖	영조 손자	산祘	24	49	수원 건健릉
순조純祖	정조 차자	공公	34	45	광주 인仁릉
헌종憲宗	순조 손자	환奐	15	24	양주 경景릉
철종哲宗	영조 고손자	변昪	14	32	고양 예睿릉
고종高宗	인조 9대손	희熙	44	68	양주 홍洪릉
순종純宗	고종 태자	척坧	4	53	양주 홍洪릉

제7장 신앙

조선에는 무슨 고유 신앙이 있었습니까?

유교와 불교와 같은 외국의 종교가 들어오기 전에도 물론 조선 민족의 정신적 기둥이 되어 내려오는 독자적인 신앙이 예부터 있었습니다. 아득한 옛날에는 조선 민족도 또한 극히 숱한 신앙을 가졌었겠지만, 먼저 역사의 첫 장을 넘기게 되는 때에는 이미 태양 숭배를 알맹이로 하는 훌륭한 민족적 종교를 만들어 가졌습니다.

곧 조선의 옛날 사람들은 이 세계가 3층으로 생겨서 상층의 광명계光明界에는 빛과 더운 기운의 태양이 최고 주재신最高主宰神[하느님]으로서 여러 아드님과 허다한 신선을 데리고 계시고, 하층인 암흑계暗黑界에는 '귓것'이라는 악령의 정령이 들어 있고, 그 중간에 우리들이 사는 인간 세상이 있다고 생각했습니다. 또 이 세상에는 본래 나라와 임금 같은 것이 없고 서로 무더기져 살더니, 하계로부터 악의 세력이 나와서 세상을 더럽히고 사람을 성가시게 굴어 어지럽기 끝없기에, 하느님의 아드님 한 분이 이를 바로잡겠다고 하여 아버님의 허락을 얻고 능력을 받아 가지고 인간으로 내려오셨습니다.

인간 세상에 내려오신 아드님은 악의 세력을 휩쓸어버리고 하늘 법으로 세상을 안정시켰으며, 인간에게서 아드님을 낳으신 후 세상을 다스리는 소임을 그 아드님에게 맡기고 당신은 도로 하늘로 돌아가시니, 이렇게 하늘과 같은 질서를 인간에 펴느라고 나라도 생기고 임금도 세웠다 합니다. 또 인생은 상계上界 선신善神의 위력을 얻고 하계下界 악령惡靈의 재해를 물리쳐서 세계를 밝게 함이 그 목적이요, 국가는 그것을 실현시키는 조직적인 세력으로 존재하는 것이니, 이 거룩한 의무를 다하기 위하여 우리는 모름지기 청결과 근로와 복종의 덕을 한껏 발휘하여야 한다 함이 그 신앙의 대강령이었습니다.

이 도는 본래 하늘의 이치에 따른 모든 사람들이 당연한 규범을 따르는 것으로 특별한 이론과 명목이 있지 아니하고, 다만 조상과 자손이 서로 전하면서 말하기를 이렇게 함이 '밝의 뉘'[059]의 일을 함이라고 하여 정성스럽게 지키니 훗날 유교, 불교 등이 들어오면서 그것들과 구별할 필요가 생기니 '밝의 뉘'라는 말이 차차 도의 이름처럼 쓰이게 되었습니다.

---

[059] 광명세계

대개 '밝'은 광명光明과 신神이요 '뉘'는 세계를 뜻하니, '밝의 뉘'라 함은 광명세계, 곧 신의 뜻대로 하는 세상이란 의미를 나타내는 말입니다. 뒤에 '밝의 뉘'란 말이 여러 가지로 변하고 또 이것을 한문으로 이렇게 저렇게 쓰는 가운데 종교적 진면목이 얼마큼 가려지게 되기는 하였지만, 그 고갱이060 생명은 꾸준하게 계속하여 시방까지 내려옵니다.

이상의 말씀을 요약하건대 조선에서는 예로부터 고유 신앙이 있어 그 명칭은 '밝의 뉘', 뒤에 변하여 '부루'요, 그 주된 뜻은 천도天道를 실현함에 있었는데, 이 민족종교는 유교나 불교에 앞서서 있어 오고, 또 유교나 불교가 들어온 뒤에도 그대로 나란히 존립하였던 것입니다.

---

060 풀이나 나무의 줄기 가운데 있는 연한 심으로 사물의 중심이 되는 부분을 비유적으로 이른다.

조선 민족교의 내력을 들려주시오.

천도를 믿고 따름으로써 종지宗旨를 삼는 조선 고유 신앙의 근본은 국조 단군檀君에게서 나온 것입니다. 단군이란 말은 이미 천도를 실현하는 지위에 있는 어른이란 뜻입니다.[061]

이른바 천도라는 것은 천상 신선계天上神仙界의 생활규범이니 천도의 실현이란 곧 인간의 천계화天界化에 불과합니다. 그런데 천상신계를 옛날의 '밝의 뉘'라 일컫고, 내켜서 천도의 실천과 그 실천의 담임자를 또한 '밝의 뉘'라고 일러서 '밝의 뉘'의 말뜻이 매우 어수선하여졌으며, 또 '밝의 뉘'의 밝이 변하여 '박'도 되고 '발'도 되고, '발'은 또 '부루'로 변하기도 하여 그것을 표시하는 글자도 퍽 혼란스러워졌습니다. 무릇 '밝의 뉘'의 행사 중에는 1년에 한 번씩 하느님께 제례를 드리고 이 기회에 국가민족 전체에 관한 대사를 회의를 통해 결정하는 것이 특별히 중대했습니다. 이 대제를 옛날 부여국에서는 영고迎鼓라 하고 고구려에서는 동맹東盟이라 하고 예국濊國에서는 무천舞天이라고 했던 것처럼 따로 이름을 지

---

061 단군의 말뜻을 여기 설명하지 못하거니와 다만 이 글자가 조선 옛날의 음을 적은 것이요, 단이니 군이니 한문 글자의 뜻에는 아무 상관이 없는 것만을 알아 두십시오.

어 쓰기도 하였지만, 보통으로는 그것을 '밝의 뉘'라고 일컬으니 대개 광명의 세계에 있는 것 같은 모임이라는 뜻입니다.

이 제사에 무수한 등을 켜서 광명이 세상에 가득하게 하는 것은 천상 광명계를 표상하는 것이었습니다. 이 제천대회를 신라 중엽에는 팔관회八關會라는 이름으로 행하여 궁예의 태봉국과 왕건의 고려가 모두 이것을 계승하고, 고려조에는 매년 중동仲冬: 음력 11월에 국가의 힘을 다하여 이를 행하여 임금과 백성 모두가 즐거움을 함께 하니, 대개 팔관회라는 글자는 불교에서 빌려온 것인데 실상은 '밝의 뉘'의 음이 서로 비슷한 것을 취하였을 따름으로 신라와 고려의 팔관회는 불교와 아무 관계가 없는 옛날 '밝의 뉘'의 전해져 오는 풍습을 지켰던 것입니다.

조선 왕조가 건국된 뒤에는 불교를 배척하는 통에 팔관회란 것도 휩쓸려서 폐지되었지만, 그 중심사실을 고쳐 유교의 문자를 빌려 그대로 존속된 것이 분명하니 곧 '부군府君'의 숭배가 그것입니다. 옛날에는 정부 이하의 관청 어디에서든지 부군당堂이란 것이 있어 해마다 큰 제사를 바치고 또 관리가 새로 임명되면 먼저 이 신당에 예배함이 정식定式이었습니다. 또 시골에서는 동네마다 매년 부락 전체의 큰 제사를 행하였는데, 이 이름을 보통으로 '부군굿'이라 하는 것은 시방도 같습니다.

이 부군이라는 것이 무엇이냐 하면 곧 '밝의 뉘'가 쪼그라들어서 '밝안'이 되고 다시 변하여 '부근'이 된 것을 한문에 신神을 의미하는 '부군府君'이라는 문자를 빌려다가 쓴 것입니다. '부군'이란 것은 곧 팔관八關을 표시하는 새 글자에 불과한 것이었습니다. 조선에서는 전대의 팔관회처럼 표면상 국가의 대제전으로 행한 것은 없었을 법하지만, '밝의 뉘'를 숭배하는 고유 신앙의 전통은 공과 사의 구별 없이 꾸준하게 지켜왔음이 분명합니다.

'밝의 뉘'의 고풍古風이 국가의 공적 정례에서 폐지된 뒤에 다만 민간신앙으로 남고 또 무속의 굿으로 행하게 되었지만, 단군 이래의 구원한 도통道統이 오랫동안 무서운 외래문화의 시달림을 받으면서도 그 명맥을 지녀 나온 것은 사람으로 하여금 민간문화의 끈질긴 힘을 못내 경탄하게 합니다.

고유 신앙이 가장 융성하던 시기는 언제입니까?

민족적 자각 및 통일 의식이 왕성할 때에는 반드시 전통에 대한 반성과 고유 신앙으로의 귀향이 절실해짐이 통례입니다. 우리 민족사에서는 신라의 통일운동기가 바로 그러한 시절이었습니다. 고구려, 백제, 신라의 3국이 솥발같이 나란히 섰을 때에 신라가 가장 뒤떨어지고 또 가장 약한 나라였으나, 반도의 통일은 우리 신라인의 손으로 한다는 기개가 높았습니다.

제24대 진흥왕 때에 옛날 고유 신앙의 단체를 훨씬 강화하여 국민의 정신단련을 오로지 이에 맡기고 국가에서 필요한 인재를 이 가운데서 추려 썼습니다. 어떻게 했느냐 하면 귀족의 도련님 가운데 용모가 아름답고 총명하고 지혜가 뛰어난 사람을 골라서 표상으로 삼고, 이 사람을 중심으로 강한 교단을 조직하여 국민 도덕을 연마하고 국풍國風 가락을 떠받들며 국토를 순례하면서 수행하는 중에 그 인격과 수완이 드러남을 기다려서, 그를 국가의 주요한 지위에 등용하는 제도입니다. 이 교단의 중심된 성스러운 소년을 풍월주風月主, 원화源花, 화랑花郞, 국선國仙 또는 선랑仙郞이라 하는 등 여러 가지 이름으로 부르고 이 교단에서 지키는 신조와 덕목을 풍월도風月道, 풍류교風流敎, 화랑도花郎道 또는 선풍仙風이라고 일컬으니 그 어원은 다 '부루'에서 나온 것입니다. '부루'는 물론 '밝의 뉘'가 변한 말입니다.

 이 교단에 예속한 동무들을 풍월도徒, 화랑도, 선도라 불러서 이들은 국가의 대사를 담임할 '뽑힌 백성'으로서 큰 자각과 긍지를 가졌습니다. 사실 진흥왕 이후로 문무왕대의 통일 사업을 성취할 때까지 약 100년 동안 온갖 방면으로 큰 활동을 하던 인물들이 죄다 '부루' 교단의 출신이었습니다. 사기에 적혀 있는 바를 보건대 화랑의 수가 200여 명에 이르렀다고 하니 그 떨거지가 얼마나 많고 그중에서 명인들이 얼마나 쏟아져 나왔는지가 대강 짐작이 될 것이 아닙니까.

'부루'의 교단에서 정신력을 단련하는 데 쓰던 방법은 무엇이었습니까?

신라 말년의 대문학가 최치원이 난鸞이라는 유명한 화랑의 사적을 말하는 비석 머리글의 그 시작에 대강 아래와 같은 의미의 서문을 기록하였습니다. 말하기를 "우리나라에는 신통한 도가 있으니 '부루'의 가르침이 그것이다. 그 내용에는 유교, 불교, 도교의 요지가 다 들어 있어 인생뿐 아니라 만물을 교화하기에도 아무 부족할 것이 없다. 그 일부분을 말할지라도 집에서는 효도하고 나라에는 충성하라는 것은 공자의 도와 같은 것 아닌가. 권리를 찾지 않는 의무를 다하고 이론을 캐지 않는 실행을 주장함은 노자의 도와 같지 않은가. 악한 일이면 무어라도 하지 말고 선한 일이면 어떻게라도 하라고 함은 불타의 도와 같지 않은가"라고 하였습니다. 이렇게 보면 '부루'의 도가 고대의 민족적 종교에서 흔히 보이는 유치하고 편협한 가르침이 아니라 매우 고등으로 발달한 논리적인 종교요, 또 그 연원은 민족 생활에서 나왔을 법하여 그 내용을 세계적으로 시행하기에 가능하고 합당한 것임을 알 수 있습니다.

옛날에는 도의 내력과 내용을 전하는 번듯한 문적文籍이 있었다는 것이 사기史記에도 적혀 있건만, 그런 것이 다 없어져서 그 자세한 것을 알 수 없음이 심히 유감입니다. 다만 그 수행 방법에 관한 단편적 사실이 전해오는 것을 보면 "화랑 아기를 받들고 동무들이 구름같이 모여서 도의道義로써 서로 연마하며 가무, 음악으로써 서로 즐기며 산수를 찾아 어디까지도 돌아다녔느니라"하였는데, 이것을 가지고 화랑과 그 동무들의 행동을 짐작해보면 그네들이 힘써 연성하던 도덕적 조목條目은 첫째 국가에 대한 절대적 희생정신이요, 그 다음 단체 생활에 필요한 신의요, 그 다음 동무들끼리 돕는 상호부조정신이요, 그 다음 사회적 결함에 대한 동정심이었습니다.

가무 음악은 고대의 어느 교단생활에도 반드시 따라다니는 것이지만 특히 '부루'교단에서는 가무 음악에 신비한 영력靈力이 있음을 믿어서 자연현상을 억제하는 데도 이 힘을 적용하니 신라시대에는 한시나 범패梵唄 이외의 우리 고유한 노래가 성행했고, 그 유명한 작자作者는 다 이 교단에 속한 사람들이었습니다. 또한 산수의 놀이에 힘썼다는 것은 그저 구경하러 다니는 것이 아니라 불교, 기독교, 이슬람교 등에서 교도敎道의 정성을 나타내기 위해 교조의 성지에 순례하는 것처럼 '부루'교단에서 성지의 신령스러운 장소로 치는 국내의 명산대천을 돌아다니면서 종교 정서의 만족과 함께 국토 의식에 이바지하던 행사였습니다.

지금 관동의 여러 승지에서 금강산에 걸쳐 사선四仙이니 영랑永郞이니 술랑述郞이니 하는 신라 선랑仙郞들이 놀고 갔다는 명소가 많이 있는데, 그중 금강산이 신라 최고의 명산으로서 이 일대는 곧 화랑 교단에서 순례를 하던 주요한 코스에 해당합니다. 또 그네들이 순례하던 명소에는 종교적 성지 외에 유명한 선열의 사적지도 많아서 그것이 국민정신의 교육상 응용되었다는 것도 여러 가지 사실에서 상상되는 바와 같습니다. 이상에서 말한 것은 그때의 문적에 나타나는 사실로써 살펴 알 수 있는 화랑의 교도敎道 방법입니다.

옛날 '부루'교의 끼친 자취에 지금 눈으로 보고 마음으로 느껴울 것이 무엇입니까?

'부루'의 대도大道는 조선 나라가 건국하기 전부터 오래오래 지켜 나오는 긴 전통인 만큼 비록 이리 부대끼고 저리 밀려서 후세에 그 번듯한 면목이 가려졌을 법한데, 그 영향은 여러 부분에 많이 박혀 있습니다. 그 가운데 두드러지고 또 재미있는 사실 한두 가지를 말씀드리면, 하나는 전국 안에 있는 대표적 명산名山의 이름입니다.

조선 안에서 한 지방을 떼어서 그곳의 대표가 될 만한 크고 높은 산에는 대개 그 이름에 백白자가 붙어 있고 그렇지 않으면 그 상봉에 '부루'라는 이름이 따라다닙니다. 전국에서 으뜸가는 백두산의 '백'자가 이미 그것이요, 평안도 쪽의 대표되는 묘향산妙香山의 옛 이름이 태백산太白山이요, 상봉上峰은 '비로'봉입니다. 함경도 쪽 대표적으로 높은 산에 장백산長白山, 소백산小白山, 문백산問白山, 백운산白雲山, 백역산白亦山 등이 있습니다.

경기에 백운산白雲山이 있고 용문산龍門山의 상봉이 '비로'봉이요, 경기의 주산主山이 백악白岳이요, 충청도 쪽 속리산俗離山의 주봉主峰 '비로'봉이요, 강원도의 금강산金剛山, 오대산五臺山, 설악산雪嶽山, 치악산雉岳山 등의 상봉上峰이 다 '비로'봉이요, 경상도에 태백산太白山과 소백산小白山이 있으니 이 산들이 각각 한지방의 대표적 지위에 있음은 물론이거니와 이것이 다 '백'이나 '비로'라는 이름을 갖고 있는 것이 참으로 기이합니다.

응당 말씀하시겠지요. 황해도의 구월산九月山, 충청도의 계룡산鷄龍山, 전라도의 지리산智異山 같은 대표적 산악에는 그 흔적이 없지 아니하냐 하실 줄 압니다. 네, 그렇습니다. 그러나 그 대신 구월산의 상봉은 사황봉思皇峯이요, 계룡산의 상봉은 연천봉連天峯이요, 지리산의 상봉은 천왕봉天王峯이라 하여 한결같이 천자天子, 황자 왕자의 이름을 갖고 있음을 아시겠지요. 이러한 계통의 이름이 결코 우연한 것이 아니라 실로 다른데서 '백白'이라 하는 것, '비로'라고 하는 것과 같은 의미입니다.

통틀어 말하면 조선 고대의 신앙에 천신天神은 산악을 통로로 하여 인간에 왕래했기 때문에 산악은 곧 인간세상에 이어져 있는 천계天界의 일부라고 하여 한 지방에 있는 최대 최고봉이 신앙의 표적으로 일반에 숭배되었고, 이러한 산과 봉을 '밝의 뉘'의 산이라고 일컬었습니다. 이 '밝의 뉘'가 다른데서와 같이 변하여 '밝안'도 되고 '박'도 되고 '발'도 되고

'부루'도 되는데, '밝'이 된 것을 한문으로 쓴 것이 태백이니 소백이니 하는 백이란 것이며, '발'과 '부루'로 된 것을 후세의 불교 승려가 불교경전 속에 있는 문자를 꺼내다가 쓴 것이 '비로毘盧'입니다. 요컨대 옛날 말에 '밝'산이라 하고 '부루'봉이라 하던 것이 지금은 백산이니 '비로'봉이니 하는 말의 본체요, 그 의미는 곧 신산神山, 성산聖山이라고 하는 것이었습니다. 북방의 백두산으로부터 남방의 지리산 천왕봉에 이르기까지 그 사이에 있는 모든 대표적 산악에는 옛날 신정시대神政時代에 신앙적 의미로 지은 이름이 그 산의 모습과 돌의 자태와 함께 그대로 유전하고 있지만, 다만 사람만이 그 내력을 잊어버리고 의의를 모르고 지낼 따름입니다.

    산악 이름의 이야기가 너무 지루하였으니 다른 것 한 가지를 극히 간단히 말씀할 것 같으면, 시방도 보통 가정에서 정한 곳에 따로 그릇을 두고 거기 처음 생긴 새 곡식을 담아 두었다가 다음 해 햇곡식이 날 때에 묵은 쌀을 꺼내어 떡을 하여 고사 지내고 새 곡식을 갈아 넣는 신앙이 있어 이 그릇을 '부룻 단지'라고 하는데, 이것이 또한 민간에 남아 있는 '부루'신앙의 한 옛 풍속입니다.

단군의 교_敎는 근래에 어떻게 되었습니까?

단군에서 나온 조선고대_{朝鮮古代}의 신도_{神道}는 신라시대 이후에 화랑국선_{花郎國仙}의 국가적 활동으로 꽃이 핀 뒤에, 그 종교적 방면은 차츰 불교에 눌리고 교화적 방면은 유교에 빼앗겼습니다. 고려시대에는 다만 국가의 태평을 장식하는 의식으로 화하고, 조선시대에는 그 여운이 겨우 민간 무속 안에만 있더니 선조와 인조 사이의 대란을 치러서 인심이 불안에 빠지고, 이어 영조와 정조 이후 서방에서 천주학_{天主學}이 들어오면서 정신세계가 혼란해지자 민족의 정신적 반발력이 고개를 쳐들어서 여러 가지 신앙현상을 낳으니 동학_{東學}운동이 그중의 하나요, 고종조에 자주 외국의 침탈을 받고 마침내 국운의 기울어짐이 걷잡을 수 없이 되자 민족정신이 크게 흥분하여 마침내 전통적 고유 신앙의 부흥을 바라는 기풍이 날로 더해졌습니다.

  이 기운에 응하여 광무 10년에 나철_{羅喆}, 오혁_{吳赫} 등이 단군교의 부활을 표명하고 이어 대종교_{大倧敎}라고 이름을 바꿔서 국조_{國祖} 숭배에 해당하는 전통을 주장하며 인심을 모으기 시작했습니다. 합방 이후로 일본의 탄압이 심해지자 후계자인 김헌_{金獻}이 교단의 본거지를 백두산의 뿌리인 만주로 옮겨 조국광복 운동의 정신적 지주가 되고 허다한 파란을 겪으면서 든든한 발걸음을 걸어 왔습니다.

대종교大倧教란 무슨 뜻입니까?

단군의 신도神道를 대종大倧이라 일컬음은, 하나는 교문教門을 부흥하는 광무년과 융희년 간에 있는 어떠한 시대 사정에 인한 것이었습니다. 또 하나는 종倧이란 정의가 교의를 단적으로 표현하기에 적당한 때문인 줄 압니다. 종倧은 고대의 신인神人을 의미하는 자요, 또한 인人과 종宗을 합하여 구성된 자형을 보면 인人과 조종祖宗되는 신인임을 표시하였음이 분명하기 때문에 이러한 신인은 단군이 되실 수밖에 없습니다. 또 종교 이론상으로는 신인의 동격이 그 고등인 단계요 또 신인의 합일이 그 마지막 귀착지인데, 단군의 도는 이론이 아니라 실질적으로 신과 인간 사이에 틈이 없음을 출발점 또는 귀착점으로 하기 때문에 여기에 부합하는 명칭으로는 종倧이 가장 적절하다 할 것입니다. 대大라는 글자는 도의 존엄성을 보인 것인 양합니다. 그러나 종倧은 결국 한자를 빌린 것이기 때문에 차차 그 원래의 이름을 찾아야 하겠지요.

『정감록鄭鑑錄』이란 어떠한 것입니까?

종교의 문호門戶 안에는 예언자선지자라는 이가 있어서 신령神靈을 감통感通하여 미래를 세상에 일러준다고 합니다. 기독교의 성서 가운데 '예레미야'나 '에제키엘' 같은 것이 그러한 종류입니다. 조선의 고대 신도에도 단군 때에 신지神誌라는 이가 비사祕詞를 남긴 것이 길이 후세에 전해 오고, 신라 말년의 도선道詵과 고려 말년의 무학無學 같은 명승名僧이 다 예언자로 드러나고 있습니다. 조선 초에는 남사고南師古: 격암[格庵], 이지함李之菡: 토정[土亭]이 다 유명한 예언자였습니다. 『정감록鄭鑑錄』이란 것은 요컨대 조선 중엽 후 민간에 성행된 국가운명과 생민존망生民存亡에 대한 예언서의 일종입니다. 이씨왕조의 선조先祖인 이담李湛이라는 이가 이씨를 대신할 정씨의 조선祖先인 정감鄭鑑이란 이와 더불어 이씨 이후의 조선의 흥망 대세를 헤아려 이씨의 한양 몇백 년 다음에는 정씨의 계룡산 몇백 년이 있고, 그 다음에는 조趙씨의 가야산 몇백 년과 범范씨의 완산完山 몇백 년과 왕王씨의 어디 몇백 년이 면면히 계승할 것을 진단하는 중간에 언제는 무슨 재난과 언제는 어떠한 화가 있어 민심이 어떠하리라는 것을 차례차례 예언한 기록입니다.

시방 세간에 통행하는 『정감록』이란 것에는 이 이담과 정감의 문답 외에 도선, 무학, 토정, 격암의 이름을 빌린 예언서를 편찬하여 이 전집을 통틀어 『정감록』이라고 부르고 있습니다. 조선이나 중국과 같이 몹시 부대끼는 국정에서는 할 수 있으면 미래를 미리 짐작하여 흉을 피하고 길한 곳을 따라갈 길을 얻었으면 하는 것이 조선에서는 『정감록』이요, 꼭 이 모양으로 중국에는 추배도설椎背圖說이란 것이 있어서 민간에서 깊이 믿었습니다.

그러면 정감과 『정감록』의 내력은 어떠냐 하면 정감과 이담이란 이는 다 실존 인물이라 할 증거는 없습니다. 또 조선 고래古來의 예언서로 역대 실록 같은 것에 그 이름을 전하는 것이 수십 종이지만, 『정감록』은 그중에 보이지 않기 때문에 『정감록』이 생긴 지는 그리 오래된 것 같지 않습니다. 다만 조선왕조가 정씨와 혁명을 만난다는 운명설은 선조 전의 정여립鄭汝立의 역모逆謀가 이를 배경으로 하였고, 그 뒤 광해군과 인조 이하의 모든 혁명운동에는 정씨와 계룡산의 그림자가 반드시 어른거려서 거의 예외가 없습니다. 특히 정조 을사년1785 홍복영洪福榮의 옥사 사건에는 『정감록』이라는 명칭이 분명히 나오기 때문에 대개 『정감록』이라는 것은 선조 전부터 정조 대에 이르는 어느 시기에 혁명운동상 필요한 자료를 민간신앙 방면에서 취하여 미래의 국토에 대한 희망적인 표상으로 만들어낸 것인 양 합니다.

  세상에서 문제 삼는 것은 『정감록』에 적혀 있는 예언이 맞느냐 안 맞느냐 하는 점에 있고 가끔 여기에 대한 질문을 우리가 받습니다만, 원래 신탁이니 예언이니 하는 따위는 직관비전直觀祕傳에 속하는 것이기 때문에 상식적으로 이를 논의할 대상이 되지 않으며 설사 근거가 있다 할지라도 예언서에서 흔히 보이는 희미한 문자와 당돌한 표현을 맛보고 옳다 아니다 하는 것이 어떻게 위험한 일임은 누구든지 생각해야 할 것입니다. 다만 한 가지 『정감록』의 근본정신이 무엇인가 하는 것만을 우리가 생각해 보건대, 임진·병자 대란 이후 조선 조정에 대한 민중의 신뢰심이 극도로 엷어지고 장래에 대하여 암담한 정을 이기지 못할 즈음에 당시의 애국자가 민중에게 희망과 위안을 주기 위해 이씨가 결딴나도 정씨가 있고, 조씨, 범씨, 왕씨도 있어서 우리 민족의 생명을 구원하기 때문에 불멸할 것이라는 신념을 심어주려 한 사정이 『정감록』 전편에 일관하여 흐르는 것이 아닌가 합니다.

남조선南朝鮮이란 무엇입니까?

언제 어디를 막론하고 현실의 인생은 불만족과 고뇌로 차 있어 생명의 의욕을 현실계에서 충족하게 하는 수는 절대로 없으므로 수많은 국민과 사상가들이 다투어 관념 위에 이상理想사회를 만들어내어 우선 위안을 얻고 또 희망을 붙이는 일이 많았습니다.

중국 사람이 화서국華胥國이니 봉래도蓬萊島니 하는 것을 만들고 인도 사람이 희견성喜見城을 만들고 이스라엘 사람이 에덴동산을 만들고 도교에서 상청옥경上淸玉京을 말하고 불교에서 안양정토安養淨土를 말하고 기독교에서도 영생의 천당을 말합니다. 근세의 사상가에는 토머스 모어는 유토피아를, 캄파넬라는 태양의 도시를, 허버트 조지 웰스는 근대 유토피아를 그리는 등 형형색색의 이상 세계가 모두 인류의 현실생활상의 불만족함을 나타낸 것입니다.

이 가운데 조선 사람이 또한 그 생활 의욕의 관념적 표상으로서 여러 가지 선경비향仙境祕鄕을 만들다가 근세에 이르러 내우외환內憂外患을 겪으면서 민족의 고뇌가 심해지고, 이에 대한 위정자들의 무능함이 더욱 현실적 희망을 엷게 함과 동시에 민중의 마음이 점점 초현실적 관념의 세계로 전

향하여 미래에 걸고 이상사회를 구상화하기 시작하고 그것과 더불어 『정감록』이 그 지표가 되었습니다. 그래서 누가 창작하고 누가 발전시켰는지 모르게 우리의 앞에는 남조선南朝鮮이 있어서 때가 되면 진인眞人이 나와서 우리를 그곳으로 끌어 들여다가 시방 부대끼고 졸리는 모든 것이 다 없어지고, 바라는 모든 것이 저절로 성취되는 좋은 세월을 가지게 된다는 생각이 민중들 사이에 확고하게 자리 잡게 되었습니다.

남조선이 어디 있느냐, 그 형태는 어떠하냐, 또 언제 어떻게 나타나느냐 등에 대해서는 명백한 지시가 없습니다. 가끔 그것을 구체적으로 말하는 이가 있긴 하지만 전하는 바가 단편적입니다. 정조 대代의 대문호大文豪 박연암朴燕巖이란 이가 허생許生이라는 초인超人을 내세워 그로 하여금 나가사키長崎와 샤먼廈門 사이에 있는 무인도를 개척하여 말썽 없고 먹을 것 주체하지 못하는 사회를 만들게 했던 것이 남조선의 한 모습이며, 순조 대에 홍경래洪景來가 난을 일으키며 서도西道의 인심을 선동하는 말에 "이제 국세가 창졸倉卒하여 민심이 도탄에 빠졌지만 다행히 세상을 구원할 성인聖人이 일월봉─月峰 아래 군왕포君王浦에 있는 가야동伽倻洞 홍의도紅衣島에 강생降生하여 철기鐵騎 10만으로 세상을 징청澄淸하게 되었다"함도 『정감록』의 신앙을 이용한 하나의 행동이었습니다. 이후 다시 백여 년이 지나서 인심이 점점 현실에서 괴리되어 남조선 신앙을 기본으로 하는 비밀결사가 성립하고 그 실현을 위한 혁명운동으로 발전하기에 이르렀습니다.

남조선이란 것은 본래 조선 민족의 현실적 고통에 대한 정신적 반발력으로부터 만들어 낸 이상사회의 표상이니 이것의 의미를 살펴보면 조선어에 남쪽을 '앒' 곧 앞쪽으로 생각하기 때문에 남조선이라 함은 곧 전방에 있는 조선, 앞으로 다가올 조선을 나타낸 것입니다. 언제까지고 희망으로 품는 조선이 곧 남조선입니다. 이 남조선은 세계 각국에 나타난 유례에 비해 여러 가지 특색이 있음을 우리가 주의해야 합니다.

첫째, 타국의 이상사회들은 대개 주관적 산물이지만, 우리 남조선 사상은 객관적 사실의 충동에서 자연히 성립했다는 점입니다. 바꿔 말하면 타국의 것들은 한때 한 사람의 작가가 있지만, 여기는 그런 것이 없고 오랫동안의 역사적 요구가 민족 전체의 마음속에 점점 표상화된 것입니다.

둘째, 다른 모든 사회의 이상은 완전히 고정적인 것이지만, 우리 남조선은 미완성, 가변동의 것으로 언제까지고 필요한 수정과 보충을 더할 수 있습니다. 곧 어느 시기, 어느 단계, 어느 형태의 이상을 실현하였을지라도 '남조선 미래의 조선'으로 남조선이란 것은 영원히 완성될 기한이 없으며 조선인의 이상이 자라는 대로 인류의 사상이 나가는 대로 남조선의 내용도 무한한 진보와 발전을 계속하겠다는 약속으로 있습니다.

　셋째, 다른 이상사회들은 본래 하나의 공중누각空中樓閣이기 때문에 흐지부지되어도 그만이지만, 우리의 남조선은 진보한 형태의 민족 운명 판결을 의미하는 것이기 때문에 어디까지나 행동으로 매진해 실현해야 합니다. 어느 시기에는 민족 해방 실현이 남조선이고 어느 시기에 있어서는 사회 혁명의 성취가 남조선이며, 문화의 원리와 인류의 양심에 기본을 둔 그때그때의 향상 노선이 모두 한 토막 한 토막의 남조선입니다. 남조선 신앙은 역사적 소임을 치렀지만, 이것을 의식적 지표로 쓰는 앞으로는 거기에 대한 기대가 더 커질 것으로 우리는 생각합니다.

동학天道敎는 어떻게 생겼습니까?

임진왜란과 병자호란 등 외환에 대한 조정의 무능함과 당론 투쟁과 세도정치 등 내정에 나타난 벼슬아치들의 몰염치함은 마침내 민중으로 하여금 국가에 대한 신의를 상실하고 민중 자신의 밑으로부터 북받쳐 올라오는 힘으로써 신新사회를 건설하는 것 이외에 다른 도리가 없음을 깨닫게 한 경향이 철종과 고종 대에 이미 극도에 달했습니다. 이때 한편에는 중국을 거쳐 들어온 기독교 신앙이 천주학 또는 서학西學의 이름으로 한참 민간에 침투하여가서 말하자면 사상적 국난이 왔다는 느낌이 들게 했습니다.

이 사회적 정신적 두 환란을 한 번에 타개하리라는 홍원弘願을 품고서 최제우崔濟愚: 水雲가 철종 경신년1860 4월 5일에 '천도'의 계시를 얻어 하느님을 모시는 '시천주侍天主'의 길이야말로 신천지개벽의 열쇠라 하여 그 신념을 민중 사이에 선포하고 이름하되 동학東學이라 하였습니다. 서학에 대하여 국민 고유의 신념임을 내세운 것이며, 천주 곧 단군 이래 전통신앙의 핵심인 하느님을 붙잡은 점에서 동학의 이름이 헛되지 아니 하였습니다.

이 사상이 시대의 요구에 적응하면서 물밀 듯한 힘으로

민중 사이에 퍼졌지만 그 세력이 위정자들의 시선을 끄는 동시에 혹세무민의 죄과로 얽혀서 최제우는 마침내 잡혀서 순교하였습니다. 최시형崔時亨: 海月이 그 도통道統을 전하여 교단을 비밀리에 전하는 가운데 교도 중의 전봉준全琫準이 교敎의 일면인 사회적 경향을 행동화하여, 고종 갑오년1884에 '제포구민除暴救民'운동을 전라도 고부에서 일으켜 다만 조선뿐만 아니라 동양 전국에 일대 진한 감동을 주었습니다. 이 의거가 국제적 마찰의 희생으로 실패로 돌아가고 교의 명맥이 다시 지하로 숨을 수밖에 없자 시형의 후계자인 손병희孫秉熙: 義庵가 일본으로 건너가서 이상헌李祥憲이란 익명으로 재야에서 힘써 국제적 조류를 타기 위한 신국면 타개를 꾀하다가 러일전쟁이 시작됨과 동시에 국내에서 행동을 재개하였습니다.

그 앞잡이로 나섰던 이용구李容九의 배반을 만나서 큰 뜻이 좌절되자, 광무 10년1906 1월에 손병희가 급히 일본에서 귀국했습니다. 그는 흑책질 당한 교세를 정리할 때, 동학을 고쳐 '천도교'라 하고 시대에 순응하여 교도의 정치와 종교의 혼동을 개혁하여 오로지 자신을 수양하는 데로 정진했습니다. 이 기간은 동학의 사회행동 면에는 일대 비운이었으나 그 교리를 발전시키고, 교단을 굳히는 데는 도리어 일생일대의 기회였습니다. 그러나 천도교는 오히려 천도교인만의 천도교로 그치고 그 존재의 의의가 특수한 한계를 벗지 못했습니다.

교단 경영의 여력이 일반적 교회 사업으로 넘쳐흘러서 사회적 친화의 인연이 생기고, 기미년 3·1운동의 중심적 추진력이 됨에 따라 천도교가 드디어 조선의 천도교로 천하에 인식되었습니다. 3·1운동 이후의 천도교에는 교단 발전상의 갖가지 약속이 있었건마는 그에 대한 인식 행동이 아직 충분한 것 같지 아니하며, 다만 '천도'의 본원인 천주天主의 실체를 조선의 구원久遠한 정통에서 파악하려 하는 경향이 차차 현저해짐은 반가운 현상이라 할 것입니다.

유사종교란 것은 무슨 의미입니까?

유사類似종교란 말은 불교나 기독교 같은 기존의 종교 외에 아직 특수한 정도 또는 형태로 존재하는 교단을 가리키는 것이니 정의 여하에 따라서는 대종교와 천도교 같은 것도 아직 유사종교로 칠 수가 있습니다. 이 양 교는 조선 안에서 이미 버젓한 신앙 단체의 실질을 갖추고 있으니 별 문제로 제외하고 이 이외의 소소한 교단을 우선 유사종교의 계열로 볼 수 있습니다.

그런데 여기서 우리가 주의할 점은 조선에 있는 모든 유사종교는 그 귀향歸鄕한바 전통적 거점과 발생한 사회적 배경이 거의 다 비슷비슷하여 천도를 믿고 따르며 남조선을 실현하는 데 있습니다. 이것들은 모두 이름 있는 인물이나 유서 깊은 곳을 초월하여 큰 원력에 대한 반성과 자각을 깊이 하고 순화와 승화를 거듭한 다음에, 마침내는 전 조선의 일대 민족교를 형성하고 다시 교리 확충을 말미암는 윤리적 세계교로 발전하겠다는 약속을 하고 있음을 우리는 믿습니다. 도대체 인류의 문화생활에서 종교가 어떻게 되느냐도 문제요, 또 조선인의 정신적 구심력이 능히 완전한 귀일점을 성립시킬 만하겠느냐 역시 문제라 하겠지만, 우리의 종교는 불멸의 것이요, 조선인도 조선 정신을 지녀야만 인류의 의식을 바로 붙잡게 될 것을 믿음으로써 조선 문화의 전 계열 가운데 있는 종교의 상징적 모습을 결코 등한시하지 못합니다.

제8장 유학

유교는 언제 들어와 어떻게 행하였습니까?

유교는 중국에서 오래 전부터 내려오는 사상, 신앙, 정치적 경험, 수양상 규범을 1천 400년 전 노나라 창평현 사람 공자孔子 062의 인격과 이념으로써 종합 정리한 가르침이니 그 내용이 인생에 꼭 필요한 학문이므로 유학儒學이라고 말합니다. 유儒는 자형상字形上으로 보면 세상의 필요에 응하는 인人을 나타내었으니, 대개 도덕과 예로 인민을 지도하는 사표師表적 인물이 유의 본질입니다. 그리고 유의 행行은 『대학大學』에 표시된 성의정심誠意正心, 수신제가 치국평천하修身齊家 治國平天下에 모두 담겨 있다고 할 것입니다.

공자가 유학을 집대성하고서 뒤에 맹자孟子와 순자荀子가 조금 발전시킨 외에 한漢, 당唐 간에는 경전의 자구를 해석하는 것을 일삼는 훈고학訓詁學이 발달했으나, 송유宋儒063 드디어 성리학性理學을 이루니 정주학程朱學064이 그것입니다.

---

062 이름은 구[丘], 자는 중니[仲尼]
063 불교의 영향을 받아서 그 철학적 발전에 주력한 유교
064 12세기 남송의 주희가 집대한 유교의 주류학파로 성리학을 집대성한 주자[朱子] 이름을 따서 주자학이라고 하기도 하고, 정호[程顥]와 정이[程頤] 형제와 주희[朱熹]로 이어지는 학문적 전통에 따라 정주학이라고도 한다.

정주程朱 중심의 송학宋學에서 오히려 하지 못한 부분은 조선의 이황李滉: 퇴계에 이르러 완성을 보니 이황은 실로 유교 철학의 대성자大成者입니다. 정주학 밖에서 유심론唯心論적 경향을 취한 한 가지로 육왕학陸王學[065]이 있어서 서로 유학의 내용을 충실하게 하고 있습니다. 어디서든지 중국의 문화와 학술이 들어갈 때에는 유교가 따라 들어갔다고 볼 수 있기 때문에 전국시대戰國時代와 진秦나라 사이에 유교가 조선에 들어왔을 것으로 추측하고 있지만, 만일 유학 기관의 설립을 표준으로 하면 유교의 전래 연대는 매우 낮아질 수밖에 없습니다.

  유교의 국립대학을 국학國學 혹은 태학太學이라고 하는데 그 창립이 고구려에서는 소수림왕 2년372입니다. 백제는 역사에 그 기록은 없으나 소수림왕과 동시대인 근초고왕 전후에 그 오경五經박사 중 일본에 이른 자가 있으니 역시 유학을 가르치는 시설이 있었던 것 같고, 신라는 훨씬 뒤떨어져 통일 후인 신문왕 2년682에 창립하여 의외로 너무 늦은 감

---

065 성즉리[性卽理]라고 주장하는 정주학과 대립되는 심즉리[心卽理]의 학문 세계로 송나라 때의 육상산[陸象山], 명나라 때의 왕양명[王陽明]이 제창한 학문

이 있습니다. 대개 삼국시대에는 문학과 교육이 모두 불교 중심이어서 유교의 존재가 뚜렷하지 못하고 오경五經과 같은 것도 유학보다도 문학적 의미로 공부함에 그쳤던 것이 그때의 실정입니다.

고려에 내려와서도 유학의 문학적 기생寄生이 얼른 고쳐지지 않았습니다. 진작부터 국학과 문묘文廟066의 시설이 있었으나, 그 모양은 열왕067 때 안유安裕: 회헌[晦軒]의 시詩에 '향등처처개기불香燈處處皆祈佛 사관가가경사신絲管家家競祀神 유유수간부자묘唯有數間夫子廟, 만정추초적무인滿庭秋草寂無人[곳곳마다 향사르고 등 달아 부처에 기도하네. 집집마다 퉁소 불고 피리 불며 신에게 제사하네. 홀로 몇 칸 되는 공자의 사당에는 가을 풀만 뜰에 가득한데 찾아오는 이 없네]'이라 하였습니다. 안유의 손에 유학 중흥의 초석이 놓이고 또 주자학이 수입되어서 그 동지同志와 문하門下의 협력으로 유학이 새로이 출발했습니다.

고려 말에 정몽주鄭夢周: 포은[圃隱]가 나서 송학을 열심히 공

---

066 공자 및 이름난 유학자의 사당
067 1236-1308, 고려 충렬왕으로 원 황실과 처음으로 통혼한 고려왕이다. 원 세조 쿠빌라이의 사위

부하여 동방 성리학의 시조가 되었고, 조선 왕조에 들어와서는 고려 때의 숭불에 대한 반동으로 유학이 국가적으로 숭상되어서 마침내 정신계에 있는 독재자의 지위를 가지고, 명종조에 이황이 나서서 정밀히 이치를 탐구하여 사문斯文의 태두泰斗가 되고 그 풍습을 교화하는 일이 국내외에 보편화되었으며, 이 뒤에 이이李珥: 율곡[栗谷], 김창협金昌協: 농암[農岩], 이익李瀷: 성호[星湖], 기정진奇正鎭: 蘆沙[노사], 전우田愚: 간재[艮齋] 등 뛰어난 선비가 시대마다 일어나 유학의 성가聲價와 광채를 꾸준히 유지하였습니다.

조선시대 말에는 유인석柳麟錫, 최익현崔益鉉: 면암[勉庵], 곽종석郭鐘錫: 면자[俛字] 등의 애국운동은 별개의 의미에서 유학자의 권위를 발휘하여 자못 인의人意를 강하게 하였습니다. 또한 평안도는 장삿길을 떠나는 지역이요 함경도는 활과 말의 고향이라 하여 유학에 외여 비껴 있더니 인조, 중조 대에 선우협鮮于浹: 둔암[遯庵]이 평양에 나고 숙종 대에 최신崔愼: 학암[鶴庵]이 회령會寧에 나서 천지가 미개한 때의 혼돈을 깨침으로써 모두 유학의 권역에 들어왔습니다.

조선에도 정주 이외의 학파가 있었습니까?

조선의 유학은 교권敎權적으로 정주학 하나를 주장하여 조금만 이의를 세우면 화가 미칠 지경이었지만 그 가운데도 약간의 다른 파가 없지 아니 하였습니다. 중종조의 서경덕徐敬德: 화담[花潭]이 횡거학橫渠學[068]을 주로 하고, 숙종조의 정제두鄭齊斗: 하곡[霞谷]가 양명학陽明學[069]을 주도하고, 순조조의 김정희金正喜: 완당[阮堂]가 한학漢學[070]을 주도한 것 등이 그것입니다.

---

068 송유[宋儒] 장횡거의 학파로 우주의 모든 것은 기의 집산에 따라 생멸 변화하는 기일원[氣一元]의 철학사상을 전재했다.
069 명나라 왕양명이 주장한 이론으로 성리학과 달리 마음이 곧 이[理]라고 하며 지행합일설[知行合一說]을 주장한 학문
070 한유[漢儒]의 훈고학풍

승무유현陸廡儒賢이란 무엇입니까?

국학에는 으레 문묘를 베풀고 공자를 모시는 동시에 동서 양쪽[071]에 역대 유학 교육에 공이 있는 현인을 문묘에 모시고 제사를 지내니 이것을 문묘종사文廟從祀라 하고, 여기에 종사된 이를 승무유현이라 해서 유학자 중 최고 명예로 칩니다. 중국의 것은 여기서 말할 것이 아니요, 조선에서 승무陸廡한 유학자는 이하의 18인이니 보통 18유현이라고 말합니다.

18유현

이름	자子	호號	시호諡號	시대 및 약사略史
설총薛聰	총지聰智	홍유弘儒		
	신라 신문왕 때 한림. 방언으로 경전을 해석하고 이두를 짓다.			
최치원崔致遠	고운孤雲	문창文昌		
	신라 헌강왕 때 한림학사. 당에서 과거 급제하여 문명을 날리다.			
안유安裕	개향改珦	회헌晦軒	문성文成	
	고려 충렬왕 때 대학사. 유학을 중흥하고 주자학을 받아들였다.			

---

071 정전[正殿] 좌우의 곁채

정몽주 鄭夢周	달가 達可	포은 圃隱	문충 文忠

고려 말 대제학으로 순국. 동방東方 이학理學의 조祖.

김굉필 金宏弼	대유 大猷	한훤 寒暄	문경 文敬

조선 성종 때의 선비. 김종직의 문인門人으로 무오사화에 화를 입다.

정여창 鄭汝昌	백욱 伯勗	일두 一蠹	문헌 文獻

上同

조광조 趙光祖	효직 孝直	정암 靜庵	문정 文正

조선 중종 때 문신. 급진개혁을 주장하다 화를 입다.

이언적 李彦迪	복고 復古	회재 晦齋	문원 文元

조선 명종 때 문신.

이황 李滉	경호 景浩	퇴계 退溪	문순 文純

조선 중종 때 문신. 동방東方 일대一代의 유종儒宗

김인후 金麟厚	후지 厚之	하서 河西	문정 文正

조선 중종 때의 문신. 호남湖南 유학의 선구자.

이이 李珥	숙헌 叔獻	율곡 栗谷	문성 文成

조선 선조 때 문신.

성혼 成渾	호원 浩源	우계 牛溪	문간 文簡

조선 인조 때 선비. 학문과 덕이 이이와 비슷하다.

김장생金長生	희원希元	사계沙溪	문원文元
	조선 인조 때 문신. 조선 예학의 종조.		
조헌趙憲	여식汝式	중봉重峯	문열文烈
	조선 선조 때 문신. 임진왜란 때 의병을 일으켜 순국.		
김집金集	사강士剛	신독愼獨	문경文敬
	조선 효종 때 문신.		
송시열宋時烈	영보英甫	우암尤庵	문정文正
	조선 효종의 스승. 숙종 때 서인의 우두머리.		
송준길宋浚吉	명보明甫	동춘同春	문정文正
	조선 효종 때 문신. 송시열과 함께 양송이라 한다.		
박세채朴世采	화숙和叔	남계南溪	문순文純
	조선 순종 때 문신. 노론과 소론의 화해에 고심하다.		

    이상의 선택은 순유학상純儒學上으로 가히 의논할 점이 있고, 또 당론黨論 이후에는 거기 딸린 폐가 적지 않으나 다 일대의 명인임은 틀림없습니다.

서원書院이란 것은 무엇입니까?

서원이라는 이름은 당의 현종 때에 생기니 본래는 궁중에 있는 서적을 편찬하던 곳을 일컫는 말입니다. 송대宋代에 지방의 일부 부유한 사람들이 공부하는 처소로 만들자 조정에서 그곳에 무슨 서원이란 이름을 주고 그 설립자를 조교助敎로 삼으니 이로부터 서원이 학교를 지칭하는 말이 되었습니다. 휴양睢陽, 석고石鼓[072], 악록嶽麓, 백록동白鹿洞 등의 4대 서원이 세상에 알려지고, 더욱이 강서江西 남강南康 오로봉五老峯 밑의 백록동 서원은 주자가 이를 다시 일으켜 법규를 정하고 선비들을 데리고 강론한 곳으로 천하에 이름을 날렸습니다.

조선에서는 중종 36년 1541에 경상도 풍기 군수 주세붕周世鵬이 소백산 밑 백운동白雲洞의 죽계竹溪에 고려 유교의 중흥자 안유의 옛집이 거기 있음을 알고 사당을 세워 봄가을로 제사를 지냈습니다. 또 터를 닦을 때 놋그릇 3백여 근을 얻어 그것을 판돈으로 경전을 구입한 다음 지방 유생으로 하여금 와서 공부할 거리로 삼으니, 당시에 이를 백운동서원이라 해서 조선에 있는 서원의 효시가 되었습니다. 뒤에 이퇴

---

072 호남성 형양에 있으나 서원으로 유지된 시기가 짧아 휴양서원에 자리를 넘겨주었다.

계가 풍기 군수로 와서 이를 보고 사악한 이들의 손에 경영을 맡겼다가는 중도에 없어질 염려가 있으니, 중국의 백록동서원처럼 조정에서 전답을 붙여서 학생들의 의지처가 되게 하자고 청하여 도백道伯: 관찰사의 주문에 의해 명종이 '소수서원紹修書院'이라고 정했습니다. 이후 『사서오경四書五經』과 『성리대전性理大全』 등 서적을 갖추고 학전과 노비를 공급하니 조선에 있는 서원들이 모두 이런 형태를 갖추게 되었습니다.

이후부터 선현들의 제사와 사림士林의 배움을 연마한다는 이유로 서원의 설립과 사액 청원이 사방에서 경쟁적으로 일어나서 그 수가 680, 제사 지내는 유생의 우두머리 수가 1천 349명에 다다랐는데, 그것들의 실제를 보면 현인賢人을 사모하고 학문을 강론하는 것은 차차 뒷줄로 미루고 붕당세력의 경쟁을 다투는 협잡소굴로 변하여 말류의 폐단이 다 말할 수 없을 정도였습니다. 그러나 특권계급의 유착 관계 때문에 감히 여기에 손을 대는 이가 없더니 고종 초에 흥선대원군興宣大院君이 섭정攝政을 하면서 단연히 철폐하여 필요한 곳 47곳만 남겨둔 것은 진실로 일대의 큰 쾌거였습니다. 남은 47서원은 다음과 같습니다.

47개 서원

소재지	명칭	사주 祀主
경기개성부 개성	숭양崧陽서원	문충공 정몽주
경기개성부 용인	심곡深谷서원	문정공 조광조
경기파주군 파주	파산坡山서원	문간공 성 혼
경기여주군 여주	강한사江漢祠	문정공 송시열
경기강화군 강화	충렬忠烈사	문충공 김상용
경기광주군 광주	현절顯節사	문정공 김상헌
경기김포군 김포	우저牛渚서원	문열공 조 헌
경기포천군 포천	용연龍淵서원	문익공 이덕형
경기시흥군 과천	사충四忠서원	충헌공 김창집
경기안성군 양성	덕봉德峯서원	충진공 오두인
경기시흥군 과천	노강鷺江서원	문열공 박태보
경기고양군 고양	기공紀功사	장렬공 권 율
충북충주군 충주	충렬忠烈사	충민공 임경업
충북청주군 청주	표충表忠사	충민공 이봉상
충남논산군 연산	둔암遯巖서원	문원공 김장생
충남논산군 노성	노강魯岡서원	문정공 윤 황
충남부여군 홍산	창렬彰烈사	문진공 윤 집

전북정읍군 태인	무성武城 서원	문창후 최치원
전남장성군 장성	필암筆巖 서원	문정공 김인후
전남광주군 광주	포충褒忠 사	충렬공 고경명
경북경주군 경주	서악西岳 서원	홍유후 설 총
경북경주군 경주	옥산玉山 서원	문원공 이언적
경북달성군 현풍	도동道東 서원	문경공 김굉필
경북안동군 예안	도산陶山 서원	문순공 이 황
경북안동군 안동	병산屛山 서원	문충공 유성룡
경북영주군 순흥	소수紹修 서원	문성공 안 유
경북성산군 성산	금오金烏 서원	충렬공 길 재
경북상주군 상주	흥암興巖 서원	문정공 송준길
경북상주군 상주	옥동玉洞 서원	익성공 황 희
경남함양군 함양	남계灆溪 서원	문헌공 정여창
경남동래군 동래	요안樂安 서원	충렬공 송준현
경남진주군 진주	창렬彰烈 사	문열공 김천일
경남고성군 고성	충렬忠烈 사	충무공 이순신
경남거창군 거창	포충褒忠 사	충강공 이순원
황해해주군 해주	창성淌聖 사	청혜후 백 이

황해평산군 평산	태사太師사	장절공 신숭겸
황해연백군 백천	문회文會서원	문성공 이이
황해은율군 장연	봉양鳳陽서원	문순공 박세채
평남평양부 평양	*무열武烈사	석성 이여송 외 명 장군 4인
평남안주군 안주	충민忠愍사	충장공 남이흥
평남영유군 영유	*삼충三忠사	제갈양, 악비, 문천상
평북정주군 정주	표절表節사	충렬공 정시
평북영변군 향산	*수충酬忠사	청허 휴정, 송운 유정
강원영월군 영월	창절彰節서원	충절공 홍명구
강원철원군 철원	포충褒忠사	충무공 김응하
함남북청군 북청	노덕老德서원	문충공 이순복

*를 붙인 것은 뒤에 폐지됨

성균관은 무엇입니까?

중국 고대의 교육제도에서 중앙에 있는 최고학부를 대학大學이라 하고 여러 종류의 명칭을 사용하니 종종 상서庠序, 벽옹辟雍, 태학太學 또는 성균成均이라 하였습니다. 그것들의 이름과 유래에 대하여 여러 설이 있지만 다른 것은 그만두고 여기서는 성균의 말뜻만을 찾아보겠습니다.

당시의 대학은 중북동서남의 5학원으로 구성하였는데 남방의 것이 성균이요, 성균에서는 음악으로 말미암은 품성을 닦는 일을 맡았는데, 당시의 대학 교육은 음악이 중심이어서 대학의 주임교수를 대사악大司樂이라고 칭하면서 음악학원인 성균을 대학의 대표적 명칭으로 삼고, 지금의 대학 교육이란 말을 '성균지법成均之法'이라고 일렀다고 합니다. 성균이라는 글자 뜻에 대해서는 '결함 있는 것을 정성을 다해 균형 있게 함'이라 하기도 하고, '음악에 균형, 즉 조자調子를 맞추는 것'이라 하기도 합니다. 대학생의 선발 방법은 8세면 왕실의 자제부터 서민의 자제까지 모두 소학小學에 들어가 이를 마치고, 15세면 천자天子의 제자諸子와 관인官人의 적자適者와 민간民間의 준수俊秀한 자만이 대학으로 진입하는 것이 통설이었습니다. 후세에 대학생이 많아서 수천인이 넘게 되

제8장 유학 239

니 진晉의 대에 이르러 고급 관리의 자제를 위한 국자학國子學을 따로 베풀게 되었습니다. 국자國子라는 것은 주대周代에 귀족의 적자를 대접하여 부르는 이름으로, 국자학이라 함은 귀족 전용대학을 의미하는 것입니다. 그리고 북제北齊 이후 수와 당대에는 국자학 이하 여러 학교를 총괄해서 관리하는 관청을 만들고, 이것을 국자사國子寺 혹은 국자감國子監이라 하였습니다. 이렇게 국자감은 본래 유학 훈도라는 뜻의 교육 관청이던 것인데 후에 국자학, 국자감을 다 뒤섞어서 대학의 명으로 쓰게 되었습니다.

요컨대 대학이니 국자니 성균이니 하는 것은 국가가 관리 양성을 위해 중앙에 설치하는 최고학부의 통칭입니다. 국립대학을 고구려와 신라에서는 국학이라 하고, 고려에서는 국자감이라 하다가 국학성균감으로 고치고, 이어 성균감을 성균관으로 고쳤습니다. 조선의 태조는 성균관을 유생 교육의 소임을 맡게 해 조선 말에 이르고 이제까지 그 이름이 남아 있습니다.

사학四學이라는 것은 무엇입니까?

성균관을 국립대학이라 하면 그리로 들어가는 준비를 시키는 관립학교가 사학이라는 것입니다. 곧 조선에서 고려의 동서학당제를 변통하여 도성 내를 동서중남북의 5부로 구획하고 각 구에 한 학교를 두었습니다. 이를 동학, 서학, 중학, 남학, 북학이라 하고 총칭을 오부학당이라고 일컫던 것인데, 문종 때에 북학을 없애고 동서중남의 사학으로 고쳐 약간의 변형을 거치며 뒤에까지 계속되었습니다. 정원은 각 100명이었습니다. 지금 동대문 내에 있는 동학동東學洞과 중앙방송국 뒤의 서학현西學峴과 동십자교東十字橋, 남하천변의 중학동中學洞이 모두 그 학교의 소재지이던 곳입니다.

향교鄕校란 것은 무엇입니까?

지방에 있는 유학 기관을 향교라 하니 곧 공립학교에 해당하는 것입니다. 그 기원이 고려 인종 대에 있었으나 중간에 쇠약해지면서 유명무실하더니, 조선 태조 원년에 안찰사按察使에게 명하여 학교의 수령고과守令考課: 성적고사의 기준으로 삼은 뒤에 부·목·군·현의 소재지에는 반드시 향교를 설치하여 어느 고을이고 없는 데가 없이 되었습니다. 그 제도를 얼른요약해서 말하면 서울의 성균관을 소규모로 축약한 것에 불과합니다.

조선왕조 역대의 향교에 대한 규범은 매우 엄격하여 그 규범으로는 태종 때 권근權近의 『향학사목鄕學事目』, 선조 때 이이의 『향학지제鄕學之制』, 효종 때 송준길宋浚吉의 『향학지규鄕學之規』 등이 있었습니다. 하지만 이후 이런 법규가 공문空文으로 돌아가고 향학은 대개 지방 유생의 지위나 세력을 다투는 전장으로 화하여 버렸습니다. 향학 유생의 정원은 부목府牧에 90인, 도호부都護府에 70인, 군郡에 50인, 현縣에는 30인이었습니다.

석전釋奠이란 것은 무엇입니까?

옛날 법에 처음 입학하는 자는 선성선사先聖先師[073]의 앞에 아뢰는 제를 지내고 존경과 사모의 정성을 다하니 이를 석채釋菜라 하고 또 석전釋奠이라 하였습니다. 석과 전은 모두 놓는다는 뜻으로 간단하게 채소를 놓고 지내는 제사란 뜻입니다. 뒷날에는 문묘에서 봄가을로 공자 및 그 배사자配祀者에게 제를 지내는 것을 석전이라고 하였습니다. 그 시기는 당唐대에는 첫 번째 무戊의 날을 쓰고 명明대 이후에는 오로지 상정上丁[074]이라고 했는데, 조선에서도 역시 상정이라는 말을 쓰는 게 통례로 그 제물을 훗날에는 채속采屬: 채소 뿐만 아니라 어육병과魚肉餠果를 다 올려서 옛 뜻을 벗어났습니다.

---

[073] 주공[周公]과 공자[孔子]를 가리킴
[074] 매달 첫 번째 정일[丁日]

거재_{居齋}란 것은 무엇입니까?

거_齋란 것은 옛날 학교의 기숙사로 성균관, 사학, 향교 등에서 숙식하면서 면학_{勉學}하는 것을 말합니다. 거재하는 사람을 거재생, 거재유생, 재유라고 했습니다. 재는 명륜당_{明倫堂}[075]의 앞에 좌우 두 채를 짓고 좌측에 있는 것을 동재, 우측에 있는 것을 서재라 하여 특히 성균관 앞에는 상하재의 구별이 있어서 생원_{生員}이나 진사_{進士} 같은 유자격자_{有資格者}는 상재에 거하게 하고, 그냥 공부하는 학생은 하재에 거하게 하였습니다.

거재는 학교의 규칙에 의하여 선발 또는 퇴출되었습니다. 거재유생의 생활 규범으로는 학령_{學令}이란 것이 있었습니다. 또한 재의 생활에는 강학_{講學}, 고시_{考試}, 상벌_{賞罰} 등 각종의 규정이 있었습니다.

---

[075] 학교의 강당

유교가 조선에 준 영향은 어떻습니까?

유교는 그 내용이 상식적, 현실적 생활윤리요 또 동양 고유의 것으로 우리 실제 생활에 서투른 것이 없었습니다. 또한 최근 오륙백 년 동안 우리의 유일한 윤리적 기준으로 당장 우리의 생활규범이 거의 그 속에 있을 만큼 그 영향의 깊고 넓음이 다른 교학에 비교할 수 없을 정도였습니다.

그 상세한 것을 논할 겨를이 없거니와, 가장 두드러진 두어 가지를 말하는데 첫째로 도덕의 명목을 배운 것입니다. 조선 고유의 윤리에도 물론이거니와 군왕에게 충성하고 가족이 화목하고 서로 사랑하고 선심善心을 먹고 악행을 저지르지 않아야 한다는 규정은 선명하게 있었지만, 이것을 뭐라 부르고 어떻게 설명하는 재주는 본래 없었습니다.

유교는 우리에게 효재충신孝悌忠信[076], 인의예지仁義禮智 등의 명목을 가르치고 또 그 심리적 기초와 사회적 가치를 알려 주었습니다. 아울러 삼강三綱이니 오륜五倫이니 하는 도덕 체계의 구성 방법을 얻게 하였습니다. 이렇게 그것에 대한 명확한 인식을 갖는 것이 그 힘을 늘리고 정도를 높임에 크

---

[076] 어버이에게 효도하고 형제끼리 우애 있게 지내며 나라에 충성하고 벗 사이는 신의가 있어야 한다는 것

게 도움을 주었음은 물론입니다.

둘째로 인생뿐만 아니라 사회생활의 규범을 배운 것입니다. 조선인은 진작부터 농업시대로 들어와서 그 생활양식에는 사회성과 공동정신이 농후하였지만, 그것을 형식화하여 조리가 명백하고 체계가 정연한 사회질서를 만들 능력은 얼른 생기지 못했습니다. 그런데 유교의 예에 대한 인식과 채용이 늘어나면서 부쩍 문화사회의 실제 모습을 갖춰서 저 고조선이 근 2천 년 전에 이미 중국과 비슷한 상태에 있었음을 중국의 옛 역사가 전한다는 것은, 그 지리적 위치가 가장 중국과 인접하여 유교 문화에 대해 받아들이는 것이 예민하고 신속했던 까닭일 것입니다.

셋째 문학의 발달입니다. 유교와 유학은 그것이 그대로 문학이요, 또 한문은 세련되고 정제되어 있으면서 엄격하고 함축적이면서 깊이와 기백이 있는 점에서 인류가 만든 문예상의 최고봉이므로, 유교의 경전은 그 최고最古 · 최고最高 · 최대最大 · 최묘最妙한 대표적인 작품들입니다. 그렇기 때문에 유교의 보급이 그대로 문학의 발달을 의미함은 당연한 일입니다.

이상의 몇 가지는 유교에서 받은 좋은 선물을 든 것이지만 그 반면에 찐덥지 않은[077] 영향이 적지 않은 것도 우리가 기억할 필요가 있습니다. 가령 유교의 명분론이 우리 사회의 계급차를 심하게 한 것과, 유교의 번문욕례繁文縟禮[078]가 우리의 생활을 번잡하게 하고 생활 의식을 형식적인 방면으로 이끌어 가서 어느 틈에 비실제적, 비가치적 생활양식에 얽어매고, 특히 관혼상제冠婚喪祭와 같은 형식적인 예절이 족쇄처럼 우리의 모든 것을 구속했고, 한문학이 보급되면서는 고유의 사상과 독립적인 문학의 발전을 저해하여 민족문학의 재산이 너무 빈약해졌습니다. 심지어 국어의 독자적인 부호, 곧 나랏말로의 창작이 세계에서 가장 뒤떨어진 것 같음은 유교에서 입은 큰 피해가 아니랄 수 없습니다.

---

077 마음에 흐뭇하고 반갑지 않은
078 규식 예절 절차 따위가 번거롭고 까다로움

제9장 여러 종교들

宗教

불교는 언제 어떻게 들어왔습니까?

불교는 2천 5백 년 전 옛날 중인도의 가빌라국 정반왕淨飯王의 태자로 태어난 싯다르타가 인생의 무상함을 느껴 출가한 후 고행한 끝에 더없이 높고 바른 깨달음을 얻어 불타佛陀가 되어 중생을 교화한 교문敎門: 종교입니다. 여기서 불타라는 것은 깨달은 자라는 뜻이요, 불교라 함은 깨달은 자가 되는 종교라는 뜻입니다. 불佛을 석가모니釋迦牟尼라고 하는 이유는 석가종족에서 난 성인이란 뜻입니다.

불교의 핵심은 불佛과 법法과 승僧의 삼보三寶에 귀의하여 어지러운 번뇌에서 벗어나 열반의 깨달음에 이르는 전미개오轉迷開悟를 목적으로 자비정진慈悲精進을 실천하는 데 있습니다. 미迷라 함은 사람이 사악한 마음과 헛된 생각에 가려져서 우주인생宇宙人生의 실체를 모르는 것이요, 오悟라 함은 바른길을 향해 수행하고 마음을 단련함으로써 최고 진리의 경지에 도달해 합리적인 생활을 평안히 누리는 상태입니다. 불교는 그 내용이 초월적인 동시에 포섭적이어서 어떠한 국민과 어떠한 대상이라도 안아 들여서 이르는 곳마다 위대한 감화력을 미치고, 특히 동방의 여러 나라에서는 정신생활의 전면에 큰 영향을 주었습니다.

불타가 열반에 드신 뒤에 불교사상이 사방으로 전해져 북쪽으로 뻗어나간 일파一派가 동쪽으로 들어가서 후한後漢으로 들어온 것이 대개 서기 1세기 전후의 일입니다. 또한 다른 일파가 우리나라로 들어온 것은 다시 수 세기가 지난 뒤의 일입니다. 문헌상으로 나타난 바로 말하면 고구려 소수림小獸林 왕 6년372에 당시 북중국의 지배자인 진秦의 왕이던 부견符堅이 불상과 불경을 보내 사찰을 짓고 승려를 둔 것이 불교가 우리나라에 전래된 시초입니다. 또한 12년 후인 백제 근구수近仇首왕 10년385에 인도의 승려 마라난타摩羅難陀가 진晉나라에서 들어와 반도의 남방이 불법을 얻고, 이후 반세기를 지나 신라 눌지訥祗왕 대에 서역의 승려 묵호자墨胡子가 계림鶴林으로 와서 불법이 차차 민간에 행하여졌으나 고유 신앙과의 마찰로 말미암아 널리 전파되지 못하다가, 법흥法興왕 15년528에 이르러 이차돈異次頓의 순법殉法을 계기로 불법이 공식적으로 행함을 얻었으니, 마침내 우리나라 전역이 불교의 교화권敎化圈 속으로 흡수되었습니다. 이로부터 20여 년 뒤인 백제 성聖왕 30년552에는 불상과 불경을 일본으로 보내 해동海東의 불교를 개척하니 이것이 불교가 가장 동쪽으로 전파된 것입니다.

이차돈의 순법한 이야기를 듣고 싶습니다.

고구려, 백제, 신라 삼국 가운데 신라의 불법이 가장 뒤진 것은 국토가 치우쳐있기 때문이라고 할 것입니다. 하지만 고구려보다 백제가 10여 년밖에 뒤지지 않았지만 신라가 고구려, 백제 두 나라에 비해 반세기나 뒤진 것은 특별한 이유가 없이는 그렇게 층이 질 리가 없습니다.

그러면 그 이유는 무엇일까? 이차돈의 순법한 이야기는 이에 대해 시사점을 우리에게 줍니다. 『삼국사기三國史記』가 전하는 바에 따르건대, 법흥왕이 불교를 받아들이려 하자 조정의 신하들이 불교는 국법國法이 아니라 하여 순순히 받아들이려 하지 않았습니다. 이차돈이 법흥왕 15년에 왕께 여쭈며 "청컨대, 신臣의 머리를 베어 결정을 하소서"하자 왕이 "도道를 흥하게 하기 위해 무죄한 이를 죽이는 것이 어찌 가당하랴"하였다고 합니다. 이차돈이 대답하길 "만일 도를 행할 수만 있다면 어찌 한번 죽음을 아끼오리까?"하였습니다.

이에 왕이 신하를 불러 다시 물어보았으나 다 여전히 불법을 반대하는 가운데 오직 이차돈만이 "불법이 오묘하니 어쩔 수 없이 제 목을 베어야 하리이다"하였습니다. 왕이 말하길 "모든 이들이 불가하다고 하는데 오로지 너만이 뜻을 굽히지 않으니 내가 본보기를 내리리라"하고 이차돈의 목을 베게 하였습니다. 이차돈이 죽음이 임박해 이르기를 "내가 법法을 위하여 죽는 것이니 불佛이 만일 신神이 있으시면 반드시 이적異蹟이 있으리라"하더니, 그의 목을 벤 자리에서 피가 솟아나는데 그 빛의 희기가 젖과 같은지라 보는 이가 다 기이하게 생각하여 다시는 불사佛事를 허무는 이가 없었다고 합니다.

무릇 법흥왕과 진흥왕 당시에는 신라에서 삼국 제패의 의욕이 왕성하여 국민정신을 가다듬는 동시에 고유 신앙에 대한 믿음이 한창 깊고 두터웠던 시기였는데 외래신앙인 불교가 이러한 기운과 마찰을 일으켜 민간에서 암암리에 전파되는 것은 어쩔 수 없지만, 국가의 공인을 얻기는 매우 어려웠다고 볼 수 있습니다. 이차돈의 순법 이야기는 필시 이러한 정세를 반영하여 토착사상과 외래사상이 서로 충돌하는 하나의 단면을 보여주는 것이라 하겠습니다. 어쨌든 이차돈의 이야기는 후세 불교도에게 크게 감사하는 표적이 되어서 그의 뜻을 받들기 위한 결사가 생기고 순교 사건을 그림으로 전하는 기념 석당石幢이 이차돈의 분묘 소재지인 경주 백율사柏栗寺에 건립되어 전합니다.

제9장 여러종교들 253

불교의 전통은 우리에게 어떠한 영향을 주었습니까?

불교의 전통이 조선의 문화에 끼친 영향은 참으로 깊고 크고 무한한 것이었습니다. 불교가 대종교大宗敎의 위신력威神力[079]으로 우리의 소박한 고유 신앙을 발전시키는 데 크게 공헌했다는 것은 따로 말할 필요가 없습니다. 이외에도 우리의 문화에 영향을 미친 바가 많지만 가장 중요한 몇 가지를 간추려 말씀드리겠습니다.

첫째, 조선인은 불교로 말미암아서 철학을 알았습니다. 무릇 불교는 극히 실천적인 종교인 동시에 극히 사변적인 내용이 많습니다. 이러한 측면에서 볼 때 불교는 인류 사상의 일대정화—大精華: 핵심일 수 있습니다. 조선인의 본질은 원래 소박한 낙천주의인데, 불교를 얻고서 정교하고 심오한 사유 방법을 알아서 마음과 눈이 차차 형이상학적 방면으로 열리고 옳은 의미에 있는 사상 생활을 갖게 되었다 할 것입니다.

둘째, 불교 속에는 신앙생활을 장엄하게 하는 필요에 따라 회화, 조각, 음악, 무용, 건축 주조와 제련 등 온갖 예술이 들어 있고, 그것은 인도, 페르시아, 대하大夏[080] 등 서역 제

---

079   위엄과 신통한 힘
080   기원전 3세기부터 기원전 2세기까지 서남아시아에 있었던 고대국가

국이나 중국 역대의 기능을 종합한 것입니다. 불교를 따라서 이것들이 우리나라로 전래하면서 그 기술과 재료의 개발을 보니 우리나라에 옳은 의미에서 예술을 얻게 된 계기는 대개 불교의 덕이라고 할 수 있습니다.

셋째, 조선인의 생활은 본래 단순해서 농사를 지어 의식을 구하고 편안함을 구하는 백성이었으나, 불교의 평등성과 보편성에 영향을 받으면서부터 인연을 따라 중국에 유학도 하고 서역에 구법求法도 하여 차차 용기와 재능을 세계의 무대상에 발휘하며 장부의 의기로써 대륙과 바다를 넘나드는 이가 서로 뒤를 이으니, 이렇게 활달한 기상과 웅혼한 포부는 진실로 불교가 들어오고 나서 비로소 보게 된 바입니다. 또 그 다음에 문학은 중국 문화 특히 유학의 보급에 따라서 개발된 것으로 언뜻 생각하기 쉽지만, 이것도 실상은 불교의 경전과 승려의 노력으로 말미암아서 보급, 발달한 것임은 고대에 있는 문학 교육의 주권이 불문佛門에 있는 사실에서 살펴짐과 같습니다.

우리나라의 대표적 명승 名僧은 누구누구입니까?

불교 전통 1천 6백 년 동안에 덕이 높은 고승이 어느 대이고 없지 않았거니와 이제 우리의 정신문화와 민족 생활에 크게 공헌한 이만을 약간 말씀드리기로 하면, 먼저 고구려는 불법을 얻은 직후부터 이내 교리에 정통한 이가 많아서 다만 국내뿐만 아니라 그 교화가 중국, 일본 등에 차차 미치니 도랑 道朗은 화엄 華嚴, 삼륜 三輪의 학식으로 양 梁의 무제 武帝에게 존경을 받고 일대 一代의 종장 宗匠으로 가르침을 베풀었습니다. 지황 智晃은 유부 有部를 공부하여 수나라 때에, 파약 波若은 천태 天台를 공부하여 당나라 때 저명했습니다.

일본으로 건너간 이 가운데 혜자 惠慈는 쇼토쿠 聖德 태자의 스승이 되어 덕기 德器를 성취했고, 혜관 慧灌은 일본에 있는 삼륜종 三論宗의 시조가 되었으며, 담징 曇徵은 불경뿐만 아니라 오경에 통하고 기예가 뛰어나 일본의 문화에 허다한 공적을 끼쳤습니다. 또한 유명한 법륭사 法隆寺의 벽화가 그의 작품으로 전하고, 도현 道顯은 후진을 양성하는 틈틈이 『일본세기 日本世記』약 1천 권을 편찬하여 문사 文史에 이바지함이 컸습니다.

백제에서는 겸익 謙益이 먼저 해로 海路로 중인도의 상가나

율사常彻那律寺에 이르러서 오부율五部律의 범본梵本을 가져다가 그 72권을 번역하여 백제 율종律宗의 시조가 되었습니다. 한편 법法을 일본에 전해준 뒤로 담자曇慈, 일라日羅, 혜총惠聰 이후로 학문과 기예 양 방면으로 일본에 건너가서 그 문화의 계발에 힘쓴 이가 허다한 가운데 관근觀勤은 삼륜의 학장學匠으로서 역법, 천문, 지리, 방술方術의 책을 그들에게 전하는 동시에 초대 승정僧正에 올라 승려들을 감독했습니다. 또한 도장道藏은 일본으로 건너가 『성실논소成實論疏』 16권을 저술하여 일본 성실종成實宗의 권위자가 되었고, 비구니 법명은 도력道力으로 모든 이의 존경과 신임을 받았습니다.

　신라에서는 불교를 교학敎學으로뿐만 아니라 정치 외교 등 국가 활동의 대大방편으로 삼기도 했던 만큼 각 방면에 명승이 더 많이 나왔습니다. 그중에 가장 일찍 교학으로 드러난 이는 원광圓光이니 진나라에 유학하여 대승大乘 불교와 소승小乘 불교를 널리 섭렵하여 수나라와 고국에서 강연을 열어 명성이 높았습니다. 이어서 원효元曉는 혜해慧解[081]가 뛰어

081　지혜로 모든 사리를 잘 깨닫는 것

나고 문사文辭가 넓고도 넘쳐 모든 경전에 두루 걸쳐 80여 편의 글을 짓고, 그 대부분이 진작 중국과 일본에 전하여 해동소海東疏의 이름으로 소중하게 여겨졌습니다. 또한 일승원교一乘圓教[082]에 입각하여 수많은 갈래의 불교를 모으니 세상에서 그의 교지를 해동종海東宗 또는 분황종芬皇宗이라고 일컬었습니다.

원효와 동시에 자장慈藏은 오랫동안 당에 유학하여 법과 속 두 방면에 걸친 문물의 수입에 힘쓰고, 돌아와서는 국통國統에 취임하여 승려의 법도를 가다듬고 이내 통도사通度寺를 창건하고 계단을 쌓아서 계율의 도를 넓히니 우리나라 불교의 예의범절이 이때부터 정연해졌습니다. 원효와 자장에 이어 의상義湘이 당에 가서 지의智顗의 문하에 들어가 화엄의 묘지妙旨를 받았고, 동학同學이던 현수법장賢首法藏은 불교 철학의 최고봉인 화엄종華嚴宗의 대성을 위해 노력했습니다. 원측圓測은 당에서 현장玄奘을 스승으로 하여 규기窺基와 더불어 한 가지 유식학唯識學을 공부한 후 둘이 각각 법상

---

[082] 깨달음에 이르게 하는 오직 하나의 원만하고 완전한 가르침

종法相宗의 일문一門을 열었습니다.

이밖에 혜통惠通은 밀교密敎를 전하고, 광덕廣德은 염불念佛을 펴고, 진표眞表는 점찰占察을 행하고, 법랑法朗은 선풍禪風을 열어서 유명하며, 아리야발마阿離耶跋摩, 혜업慧業, 현각玄恪[083], 혜륜慧輪, 현태玄泰, 무루無漏, 원표元表, 혜초慧超 등은 다 서역의 유방승游方僧: 행각승으로 자취를 남겼습니다. 혜초는 『왕오천축전往五天竺傳』 3권을 저술하여 학계의 진보를 이루었으며 말년에 도선道詵은 술승術僧으로 여러 가지 기적을 전하였습니다.

고려 때에는 불교가 거의 국교 비슷한 지위에 처하여 명승名僧이 쏟아져 나왔으나, 불교 문하에서 뛰어난 인재라고 할 사람은 비교적 많지 않습니다. 초엽에 체관諦觀이 천태종天台宗의 교적敎籍을 송宋에서 들여왔는데, 당나라 말기에 흔적이 아주 없어진 천태종의 가르침을 따른 것은 특별히 주목할 만한 일입니다. 문종文宗의 왕자로 태어났지만 출가한 의천義天 대각국사大覺國師가 널리 제종諸宗에 능통하고 특히

---

083 성품이 강직하고 불속의 연꽃이라는 칭호를 들었다고 한다. 인도로 구법 여행 중 병에 걸려 40세의 나이로 열반했다.

천태교관觀의 중흥에 힘을 다해 송나라로 가서 법률을 두루 살피고 돌아와 교장도감敎藏都監을 두고 본국本國과 요遼, 송, 일본에 있는 책을 얻어서 『속장경續藏經』 1천 10부, 4천 740여 권을 간행한 것은 진실로 교단에 길이 남을 위업입니다.

고려 중엽에 지눌知訥이 나서 교문이 속되게 변한 것을 탄식하며 조계산에 수선사修禪社를 베풀고 독특한 선종禪宗을 창건하면서 진실로 속세를 떠나 발걸음 소리마저 비운다는 마음을 강조했으며, 그 유명한 고려판 대장경의 각성刻成에 임하야 교감校勘의 역할을 다했던 그 노력 또한 잊지 못할 것입니다. 말엽에 혜근惠勤 나옹懶翁 과 보우普愚가 다 선승禪僧으로 드러나고, 특히 보우가 훗날 불문의 도조都祖 비스름한 지위를 점한 것은 역사상 기억할 점입니다.

조선왕조에서는 전조숭불前朝崇佛의 반동으로 억불억법抑佛抑法의 정책을 취하여 불교의 쇠퇴와 함께 그 인물도 쇠퇴했습니다. 겨우 기화己和[084]가 앞에 있고 유일有一[085]이 뒤

084　조선 전기의 승려로 무학대사에게서 법요를 배우고 회암사에서 정진했다.
085　조선 후기의 승려로 설파 상언 문하에서 교리를 통달하고 보림사에서 30여 년간 강설하는 동안 많은 제자가 따랐다.

에 나서 강사講肆가 적막寂寞을 면하고 임진왜란 때에 휴정休靜[086], 유정惟政[087] 등 스승과 제자가 특이한 행동으로 세속의 추앙을 받았던 것은 교문敎門의 이외에 속하는 일이며, 만우卍雨[088]의 시예詩譽와 의순意询[089]의 다송茶頌은 더욱 물을 까닭이 없습니다.

---

086 서산대사[西山大師]
087 사명대사[泗溟大師]
088 고려 말 조선 초의 승려로 어려서부터 경전에 통달해 이색, 이숭인 등과 시[詩]로 사귀고 집현전 학사들과 교유했다.
089 초의선사로 알려진 조선 후기의 대선사로 다도[茶道]를 정립했다.

조선왕조에서는 과연 억불 抑佛만 하였습니까?

조선왕조가 정치적, 사회적 여러 가지 이유로 억불숭유의 정책을 취한 것은 사실이지만 이는 겉으로 드러난 국가제도상의 일입니다. 사실 왕실의 신앙 외호 外護는 잠시도 해이해지지 않았으니, 만일 왕실의 실질적 보호가 없었다면 조선의 불교가 산중에서일망정 그만한 호사를 누릴 수 없었을 것입니다.

우선 태조의 봉불지성 奉佛至誠은 석왕사 釋王寺, 태고사 太古寺, 해인사 海印寺 등의 비문 碑文 등에서 보이는 바와 같으며 정종, 태종, 세종, 세조가 한결같이 독실한 숭불자 崇佛者로서 세종 대 代에 만조 滿朝의 간언 諫言을 제치고 내원당 內願堂을 조성하여 시작한 『간경도감 刊經都監』이 그 뒤 세조, 성종의 여러 대에 걸쳐서 거창한 물질적 힘으로 경전을 간행하고 번역하는 대사업을 계속했습니다. 태조 대에 신덕왕후 강씨의 정릉을 황화방북원 皇華坊北原[090]에 모셔 그 명복을 위하여 흥천사 興天寺를 능의 동쪽[091]에 세웠는데, 크고 넓은 아름다움을

---

090 현재의 서울시 정동의 구 중앙방송국 자리. 왕의 무덤이 모두 도성 밖에 있는데 도성 안에 있고 무덤이 넓다는 논란이 있어 도성 밖 정릉으로 태종 9년인 1409년에 다시 옮겼다.
091 시방 조선호텔 터

최대화시켜서 5층탑의 금색 벽의 일광이 휘영청한 것이 장관을 이루었습니다. 세조 대에 원각사圓覺寺: 탑골공원 터에 새 백옥불상과 5만 근의 동종을 단 다음 밖에 대리석 다층탑을 조성하여 그 모양과 방법이 예술의 정화를 이루어 지금에까지 내려옵니다.

이 뒤에도 언제든지 각 지방에서 이름 있고 규모가 큰 절이 500년 동안 한결같이 조정의 특수한 보호 아래 명맥을 유지했습니다. 조선 어느 대에 다른 나라처럼 폐불훼석廢佛毁釋[092]의 과거를 한 번이나 보았습니까? 다만 승려의 사회적 지위가 전대보다 몹시 저하된 것만은 사실이지만 그 반의 책임은 또한 출가자들 스스로에게 있지 않았는가를 우리는 생각합니다.

---

092 1868년 4월 1일, 일본의 메이지[明治]정부가 제정일치[祭政一致]의 천황제국을 확립하고 불교사원과 승려들이 받고 있던 특권을 무너뜨리기 위해 사찰을 강제 폐쇄하고 불경을 훼손한 사건

31본산本山이란 것은 무엇입니까?

합병 후 사찰령寺刹令[093]이 시행될 때에 사찰을 통괄할 필요상 역사, 지리, 경제 등의 인연 관계를 살펴서 전국 사찰 30개사를 본사本寺라 하고 그 나머지 1천 371개 사를 말사末寺라 하여 각 본사의 아래에 배속시켜 통제하고 연락하는 편리를 얻었는데, 뒤에 선암사仙巖寺의 말사이던 화엄사華嚴寺를 본산으로 승격하여 31본산이 되었습니다. 이들 본산은 연합사무소 또 종무원 등의 이름으로써 서울에 협진기관協進機關을 만들어 포교, 흥학興學 등 필요한 업무를 처리하였습니다. 31본산은 다음과 같습니다.

---

[093] 한일합방 이듬해인 1911년 6월 3일, 조선의 불교 사찰을 조선 총독부 통제 아래 두고 사찰을 병합하거나 이전, 폐지할 때 총독부의 허가를 받고 포교행위도 지방관의 허가를 받아야 할 수 있도록 종교 활동 자체를 통제한 법률이다.

31본산

봉은사 奉恩寺 경기도 광주군 언주면	동화사 桐華寺 경북 달성군 공산면
용주사 龍珠寺 경기도 수원군 안용면	은해사 銀海寺 경북 영천군 청통면
봉선사 奉先寺 경기도 양주군 봉접면	고운사 孤雲寺 경북 의성군 단촌면
전등사 傳燈寺 경기도 강화군 길상면	금룡사 金龍寺 경북 문경군 산북면
법주사 法住寺 충북 보은군 속리면	기림사 祇林寺 경북 경주군 양북면
마곡사 麻谷寺 충남 공주군 사곡면	패엽사 貝葉寺 황해도 신천군 용진면
위봉사 威鳳寺 전북 전주군 소양면	성불사 成佛寺 황해도 황주군 주남면
보석사 寶石寺 충남 금산군 남이면	영명사 永明寺 평남 평양부 경상리
대흥사 大興寺 전남 해남군 삼산면	법흥사 法興寺 평남 평원군 공덕면
백양사 白羊寺 전남 장성군 북하면	보현사 普賢寺 평북 영변군 북신현면
송광사 松廣寺 전남 순천군 송광면	건봉사 乾鳳寺 강원도 고성군 오대면
화엄사 華嚴寺 전남 구례군 마산면	유점사 楡岾寺 강원도 고성군 서면
선암사 仙巖寺 전남 순천군 쌍암면	월정사 月精寺 강원도 평창군 진부면
해인사 海印寺 경남 합천군 가야면	석왕사 釋王寺 함남 안변군 문산면
통도사 通度寺 경남 상산군 하북면	귀주사 歸州寺 함남 함주군 동천면
범어사 梵魚寺 경남 동래군 북면	

조선 불교에는 어떠한 종파가 있었습니까?

불교에는 허다한 경經과 론論이 있어 중점이 서로 다르니 학자들이 주로 공부하는 경론의 차이에 따라서 여러 유파가 생겼습니다. 이 파를 종宗이라 하니 높이고 의지한다는 뜻입니다.

불교가 중국에서 들어온 뒤 당대에 이르는 동안에 무릇 13종의 성립을 보니 곧 비담毘曇종, 성실成實종, 율律종, 삼론三論종, 열반涅槃종, 지론地論종, 정토淨土종, 선禪종, 섭론攝論종, 천태天台종, 화엄華嚴종, 법상法相종, 진언眞言종이 그것입니다. 삼국시대부터 통일신라시대에 걸쳐 중국에서 성립한 종파는 대개 고대에 유입되어, 그 어느 것은 청출어람靑出於藍의 발달을 이루고 또 어느 것은 다시 분파를 이루었습니다. 이를테면 구산선문九山禪門이라 하여 선禪이 9파로 분립하였음과 같으며, 또 어느 것은 명칭을 달리하니 진언종을 신인神印종, 문두루文豆婁종이라고 일컬음과 같습니다. 또 어느 것은 종지宗旨를 발전시켜 독립된 명칭을 세우니 원효의 화엄종을 해동종, 혹 분황종이라고 일컫는 것과 같습니다.

고려시대에는 대개 신라의 문호를 그대로 계승하였으되 분화와 명칭의 변이가 많았습니다. 예를 들면 진언종을 총지總持종, 다라니종陀羅尼宗이라 하고 천태종을 천태법사法事종, 천태소자疏字종이라는 별칭으로 불렸으며 화엄종을 법성法性종, 원융圓融종, 도문道門종 등의 이름으로 불렸습니다. 선종에 조계종이 따로 건립되고 이밖에 내용 미상의 중도中道종, 시흥始興종이라는 것도 있었습니다.

고려 말기부터 조선 초기에 걸쳐서는 조계, 총지, 천태법사, 천태소자, 화엄, 도문, 자은慈恩, 중도, 신인, 남산南山, 시흥始興의 11종이 행하여 자은과 남산의 두 개의 종 이름이 붙었는데, 그중에는 몇몇 종의 연합도 있고 유명무실한 것도 있어서 평소에는 화엄, 자은, 중신中神, 총남摠南, 시흥의 5종을 5교라 하고 조계와 천태의 2종을 따로 양종이라 하여 불교 전체를 거론할 때에 보통 '5교 양종'이라는 말을 씁니다. 대개 앞에 열거한 11종 안에 천태법사와 천태소자의 둘을 천태로 합쳐 부르고, 총지와 남산을 합하여 총남이라 하고, 중도와 신인을 합하여 중신이라 하며 도문은 화엄으로 합쳐진 것입니다.

그러나 조선의 억불정책은 저절로 교세를 약화시켜서 세종 6년에 제종諸宗의 통폐합을 단행하여 조계, 천태, 총남의

3종을 합하여 선종禪宗을 만들고 화엄, 지은, 시흥, 중신의 4종을 합하여 교종教宗을 만들었습니다. 이때부터 조선의 불교는 선교양종의 이름 안에 포함되어 현재에 이릅니다. 그리고 한국 말년에 사회적 불안의 파동이 산문山門에까지 침입하여 종교운동이 일어날 때 불교 중에 일본의 조동종曹洞宗과 연결되어 원圓종이라고 칭하는 자들도 있었고, 이에 대항하여 자립을 주장하며 이름을 임제臨濟종이라고 따로 내세우기도 했습니다. 그 이름이 한때 어지러울 뻔하더니 사찰령이 이를 아울러 부인하고 이전부터 내려오던 선교양종이란 명칭을 다시 인정하여 풍파가 가라앉았습니다. 원래는 선종사찰과 교종사찰이 각각의 독립이 원칙이지만 실제로는 선교양종을 같이 칭하는 것이 보편화되어 선교양종의 종宗은 종의 본뜻을 벗어난 셈이 되어버렸습니다.

도교道敎는 조선에 어떻게 행했습니까?

도교는 중국 고래의 신선神仙사상과 오행설五行說, 참위설讖緯說 등 속세의 믿음과 불교의 영향으로 종교 비스름해진 도가道家[094]의 설이 서로 결합하여 성립한 종교입니다. 후한後漢의 장도릉張道陵이 발원發源하여 북위北魏의 구겸지寇謙之에 전해지고 당의 특수한 보호 아래 더욱 성대해져서 드디어 중국에서 불교와 대립되는 일대 종교를 이루게 되었습니다.

신선사상이 조선과 더불어 특수한 관계가 있음과 낙랑지방에 신선신앙이 대단했음은 여기서 그만두기로 하고 도교 성립 후의 조선에 유통한 사적을 보건대, 고구려 영류榮留왕 7년당 고종 무덕7년, 624에 사신을 당에 보내어 도교를 청하여 당이 도사道士로 하여금 천존상天尊像과 도법道法을 갖고 와서 노자를 강의하게 한 것이 역사상 처음으로 도교가 전해진 것입니다. 다음 해인 8년에는 또 사람을 당에 보내 불교와 노자의 법을 배우겠노라 하여 당 황제의 허락을 얻고 보장寶藏 왕 2년당 태종 정관17년, 648에 국상國相 개소문蓋蘇文이 왕에게 권하되 "3교 가운데 하나를 빠트리는 것이 불가하니 도

---

094 노장[老莊]학파

교를 받아들이자"하여 왕이 이를 받아들였습니다. 이윽고 당에서 도사 숙손叔孫 등 8인과 『노자도덕경老子道德經』을 보내오자 절을 비워 대접하였습니다. 650년에 반룡사盤龍寺의 승려 보덕普德이 고구려에서 도교를 숭상하고 불교를 경시하자 분개하여 백제 땅으로 이주한 일이 있었으니 고구려가 잠깐 도교를 숭상했음을 알 수 있습니다. 그러나 외교상 필요에 따른 일시적인 현상인지 그 뒤에 볼 것은 거의 없습니다.

신라시대에도 당과의 문물 교류가 성했던 만큼 도교가 상당히 유행했음 직하건만 그 형적이 두드러지게 나타나지 않습니다. 다만 국모신國母神인 서술성모西述聖母를 선도성모仙桃聖母라 하여 후세에 여선女仙적으로 숭배한 일이 있고, 국가의 사전祀典에 오악신五岳神을 숭배한 것이 얼마쯤 도교적 색채를 띤 사실로 보입니다. 신라 말엽에 이르러 당에 가서 오래 머물던 사람 가운데 김가기金可記, 최치원崔致遠 등이 선도仙徒로 드러났음은 아마 특수한 예인 것 같습니다. 그리고 신라시대에 국선國仙이니 선풍仙風이니 하던 것은 다 고유 신도神道의 다른 이름에 불과한 것임은 새삼스레 설명할 것도 없습니다.

고려시대에 들어와서는 송나라 때의 신선을 모시는 풍습이 조금씩 약해져 예종조에는 송에서 도사를 보내 법을 전하니 이에 국도國都의 북쪽에 복원관福源觀을 세우고 삼청상三淸象을 모시면서 비로소 도관道觀, 도사의 이야기가 있었습니다. 그러나 그 쓰임은 국가와 군왕의 축원에 그치고 일반에 대한 종교적 발전에 이르지 못하였으며, 겨우 성진신앙星辰信仰, 부적 사용, 수경신守庚申 [095] 같은 부분이 민속화 됨을 볼 수 있을 정도였습니다. 도교에서 행하는 제사기도祭祀祈禱는 제초醮醴라고 말하며 고려에는 정사색淨事色 [096]이 물품 진상을 맡았습니다.

조선왕조에서는 고려의 낡은 풍습에 인하여 도교의 제초를 하되 이미 도관의 명을 쓰지 않고 경복궁의 북쪽에 소격서昭格署를 두고 거기 태일전太一殿과 삼청전三淸殿 등을 세우고 천존天尊, 성군星君, 신장神將 등 수백 위를 봉안하여 제사를 지내다가 그 또한 중도에 폐지하였습니다. 시방 삼청동,

---

095 도교의 수련법 중의 하나로 60일마다 돌아오는 경신일[庚申日]에 잠을 자지 않고 경전을 외우는 것으로 고려 때부터 행해졌던 풍습
096 고려시대 도교의식의 하나인 하늘·땅·별에 대한 제사 업무를 맡아본 관청으로 내시 중에서 부지런한 이를 뽑아 관원으로 썼다.

성제정星祭井, 소격동 등이 다 그 유적입니다. 그러나 국가적 시설을 떠나서 단학丹學과 선풍 내지 도교에서 나온 풍습은 전대보다 민간에서 많이 행하였고 임진왜란 이후에 명나라 군대에게 배운 관우關羽 숭배가 있었으며 임오변壬午變[097] 후에 청나라 사람에게 배운 주산 놓는 법이 유행하는 것 같은 문화교류상의 재미있는 현상이 한편 있었습니다.

---

[097] 1882년 6월 9일에 일어난 구식 군인들의 반란

기독교基督教는 언제 어떻게 들어왔습니까?

기독교는 1950년쯤 전에 유대국의 나사렛사람 예수가 정의와 평화의 세계를 실현하기 위하여 세운 종교입니다. 천지만물의 창조자 또는 섭리자인 유일신唯一神을 천부天父로 모시고 예수를 인류의 구주 그리스도로 믿고서 그의 신앙과 사람됨을 모범으로 하여 천부의 성스러운 뜻에 합당하게 생활하는 것이 그 근본 교리입니다. 예수교라 함은 교조敎祖의 이름에 인한 것이요, 천주교天主敎, 성교聖敎라 함은 그 교리에 인한 것입니다. 입교 이래 2천 년 동안 구교, 신교의 양대 종파와 다시 허다한 지파로 나뉘어서 세계에 전파되어 인류의 1/3이 그 교리 아래에 있고, 특히 근대의 문명강국이 다 그 교권敎圈에 속하여 교운敎運의 융성함을 자랑하고 있습니다.

기독교가 동방에 처음 전래된 것은 당 태종 때에 '경교景敎[098]라는 일파가 장안에 와서 개교한 것입니다. 원의 시대에도

---

[098] 대진경교라고도 하는데 로마사람 아라본 일행이 당나라 수도 장안에 도착하여 선교한데서 비롯됐다. 약 50년 동안 번성했는데, 이는 국교라 할 수 있는 도교에 기생했을 뿐 아니라 당시 당과 페르시아의 친선관계가 두터웠기 때문이다. 원 말, 명초에는 거의 교세가 없어져버렸다.

제9장 여러종교들

교도들의 빈번한 왕래와 함께 전파가 커서 '야리가온也里可溫'이란 이름으로 원 대代에 있는 여러 종교 중 하나였습니다. 원과 고려와의 친밀한 교섭 관계에서 생각해보면 이 교문도 고려 때에 어느 정도의 전통이 있음직하지만 그 증거를 찾을 수 없습니다.

   조선 명종 대에 그 교가 일본으로 전하였고, 임진년에 침략한 왜군 중에 고니시 유키나가小西行長 이하 다수의 교인이 섞여 있었으므로, 신부 가운데 한 사람인 그레고리오 세스베데스가 군대 위문을 위해 조선에 내왕한 일이 있었으나 조선인에게 미친 영향은 드러난 것이 없습니다. 임진왜란 때 포로로 잡혀갔던 사람이 일본 혹은 남양南洋 방면에서 입교한 이가 많아서 송환된 사람들 중에는 신자도 있었으련만 그 이후는 알 수 없습니다. 16세기 말에 이탈리아 신부 마테오 리치가 북경에 들어와서 천주당을 세우고 크게 교의敎義를 선전하니 거기서 간행한 도서와 선사받은 기물이 사신 편에 전래되었습니다. 사대부 사이에서는 서교西敎, 서학西學이라고 알려졌으나 그것이 신앙에까지 다다랐다는 형적은 오히려 나타나지 않았습니다.

정조 초에 남인南人의 명사 권철신權哲身, 정약전丁若銓 정약용丁若鏞 형제, 이벽李蘗 등이 천주교리의 비밀 연구를 행하였습니다. 1783년에 이벽은 처남인 이승훈李承薰이 그 아버지 동욱東郁의 북경 사신행使臣行을 따라가는데 '북경에 가거든 반드시 서양인 신부를 찾아보고 입신하라'하였습니다. 이승훈이 북경에 도착한 후에 곧 남당南堂에 가서 필담으로 교리를 배우고 다음 해 봄 귀국 조금 전에 뒤그라몽 신부에게 세례를 받고 조선 교회의 기초라는 의미로 '베드로'라는 영명을 얻으니 이것이 정식으로 최초로 입도한 조선인이었습니다. 귀국길에 정식으로 교서, 십자가, 성서, '로사리오' 등을 갖고 와서 이벽과 함께 연구의 걸음을 내키고 이어 전도에 착수하여 그 세가 자못 빨랐습니다.

세계에 있는 기독교 전도 역사를 보건대 모두 교사가 가서 애쓴 결과를 조금씩 거두거늘, 조선인은 서적을 통하여 교리를 연구하고 자진 입교하여 그 효과가 빠르고 큰 점에서 처음 있는 일이었습니다. 또 중국과 일본 양국의 전도가 대개 세력을 이용하려 하는 하류사회로 시작하거늘, 조선은 인텔리 층의 교리 인식을 출발점으로 하여 상류사회가 먼저 받아들이게 된 것도 하나의 특점입니다. 서교西敎는 제사의 고풍을 또한 우상숭배로서 폐기하는 점에서 고유 도덕과 충돌하여 여러 번 탄압을 받았으나 교세는 그대로 성하였습니다.

그렇게 되자 교인들 사이에서 권위 있는 신부를 초빙하여야 할 필요를 느끼고 이를 북경의 천주당에 청원하였으나 당시에 중국과 로마 교황청의 사정이 허락되지 않아 오래도록 여의치 못하다가, 정조 19년1795에야 북경 주교 알렉산드르 데 쿠페아가 중국인 신부 주문모周文謨를 파송하여 오니 이것이 신부가 처음 온 것입니다. 재임 11년 동안에 교세가 약진을 보더니 순조 신유년에 제1차 사옥邪獄: 교난[敎難]이 일어나서 다수의 교도와 함께 주문모 신부도 순교하고 교회가 잠시 비운을 한탄하였습니다.

그러나 독실한 교도들은 더욱 분발하여 북경의 교당과 연결하여 교세를 유지하니 로마 교황이 이에 감동하여 순조 신묘년1831에 북경 교구로부터 분리하여 조선 교구의 신설을 결정하고 파리의 외국 전도회로 하여금 교역의 확장에 합당하도록 하여 그 회의 소속인 대리주교 쁘르기엘이 조선국의 초대 주교로 부임하게 되었는데, 그는 만주에까지 와서 병사病死하고 그 후임으로 먼저 오던 중국인 신부 유방제劉方濟가 순조 갑오년1834에 잠입하여 교육을 담당하였습니다. 헌종 병신년1836에는 프랑스 신부 모방, 무술년1838에는 샤스탕과 제2대 주교 암베르 등이 차례로 잠입하여 교세의 부흥이 자못 볼 만하였습니다. 헌종 5년 기해년1839에 제2차 사옥이 일어나서 교도와 함께 이 프랑스 신부 3인이 다 처형당하고, 조정에서는 5가작통五家作統과 규약을 엄히 실시해 서교의 절멸을 기하였습니다.

그러나 한번 시작된 전교 사업은 저지될 리 없어서 헌종 을사년1845부터 고종 을축년1865에 이르는 동안에 제3대 주교 페레올[099], 4대 주교 베드로[100] 이하 프랑스인 신부 14명이 잠입 활동을 했습니다. 이외에 조선인 신부 2명이 있으니, 대개 이보다 앞서 헌종 대 병신년1836에 모방 주교가 들어와서 조선인 어린 신도 김대건金大建: 앙드레, 최崔토마스 외 1명 등 모두 3명을 마카오의 학습소로 파송하여 교의를 연

---

099 헌종 을사년 입국, 철종 계축년 병사
100 철종 병진년 입국

구케 했습니다. 그중의 김대건이 학업을 마치고 돌아와서 기해교난己亥敎難 이후의 교세 유지에 노력하고 을사년1845에 페레올 주교로부터 조선인 최초의 신부로 임명되었다가 병오년1846에 순교했습니다. 이어서 최토마스도 신부로 임명되어 서양인 교사 입국과 기타에 활동했습니다.

철종 이후로는 금령이 차차 풀리고 더욱 경신년1860에 영불 연합군에 의한 북경 함락의 일이 있은 뒤에 교세가 갑자기 확장되어 신도의 수가 2만 3천여 명에 이르렀는데, 고종 병인년1866에 대원군의 배외정책 아래 제4차 교난이 일어나서 교세가 크게 꺾였습니다. 대원군이 세력을 잃은 후 금령이 차차 느슨해지다가, 병자년1876의 강화수호조규 성립을 계기로 하여 외국의 교통이 공인되고 병술년1886에 조약의 체결을 보면서 종교 금지가 저절로 풀려서 공연히 선전할 수 있게 되었습니다. 고종 대 경인년1890에 뮈텔이 제8대 주교로 임명된 뒤 다음 해에 신학교를 용산에 설립하고, 계사년1893에 그 옆에 최초의 벽돌집인 예배당 성당을 건축했습니다.

광무 2년 1898에는 경성 종현[101]에 우뚝 세워진 대천주당의 헌당식이 거행되어 조석으로 울리는 종소리가 사람들의 혼몽한 정신을 깨우는 소임을 맡은 양 하였습니다. 그리고 임자년 1912에는 조선의 교구를 이분二分하여 경성과 대구의 양 교구로 하였습니다. 이상은 구교 천주교 편의 말씀입니다.

---

101 서울 중구 명동 2가 1-8번지 명동성당 앞 고갯길. 정유재란 때 명나라 장수 양호가 이곳에 진을 치고 남대문에 있던 종을 갖다가 달고 파루[오전 4시]와 인정[오후 10시]을 알렸다. 이를 한자명으로 표기한데서 유래되었다. 이 종은 광해군 11년[1619] 4월 종로에 종각이 복원되기까지 있었다. 북달재, 북고개라고도 한다.

천주교란 말은 무슨 뜻입니까?

천주天主란 말은 한문의 뜻으로 하느님이 되고, 기독교의 신을 속俗의 하느님이라고 부르는 까닭에 보통 서어西語의 God 나 혹은 그 비슷한 말을 의역한 것으로 생각하는 이가 많지만, 실상은 라틴어의 Deus[102]를 의역한 말입니다. 다만 천주라는 글자를 고른 것은 음을 표시하는 동시에 뜻으로도 통하는 점을 취한 것임은 물론입니다. 초기의 예수 교사가 데우스를 번역할 때에 천주의 글자를 생각한 것은 진실로 총명하기 짝이 없는 일로서 동양인의 도덕적 대상인 천제天帝를 연상시키는 '천주'란 말이 어떻게 우리들에게 친애감을 주어서 이교異敎에 대한 혐오감을 완화하였는지 모릅니다. 더구나 하느님이라는 전통 신앙에서 자라난 조선인은 만인일반萬人一般으로 기독교의 '여호아'가 곧 우리의 '하느님'이지 별 것이냐 하는 풍습이 있었던 것은 오로지 천주라는 번역어의 공입니다.

천주교는 넓은 뜻으로는 예수계통의 모든 교파를 총칭하는 것이지만, 보통은 로마 가톨릭 교파를 가리키는 이름입

---

102 데우스: 상제[上帝]

니다. 천주공교라고 말함은 가톨릭을 공소이라고 번역하여 놓은 어형語形이며, 로마교·라틴교라 함은 희랍교회에 대한 이름이요, 서교회西敎會라고 함은 희랍교를 동교회東敎會라고 부름에 대한 이름입니다.

조선에 있는 기독교 순교자의 장렬한 사실을 들려주시오.

기독교의 역사에는 순교의 책장이 많고 세계 각 국민의 역사에는 법난法難이 일어난 시기가 다 있지만, 조선 근세 전도사에서 보는 것 같은 청순하고 장렬한 성스런 희생의 기록은 거의 찾을 수 없습니다. 원래 조선인은 남에게 권유되어서 기독교를 받아들인 것이 아니라 실로 자기 자신의 총명과 결단으로 인습의 무지한 줄을 끊고 새 생활의 좁은 문으로 들어섰으니 이것이 이미 큰 용기로되 이는 별개의 문제입니다. 바야흐로 기독교의 광명을 내 나라로 끌어들이려 할 때에 그 선구자가 된 이들의 고심과 노력은 비할 데가 없습니다.

정하상鄭夏祥[103]과 같은 이는 명문의 자제요, 유배를 당한 집안의 자손으로 세상에 사는 것이 박해와 고난 이외의 아무것도 없었건만, 일찍이 마음을 움직이지 않고 조선의 교회에 정당한 목자를 데려와야 할 필요를 느끼자 몸을 마부구종馬夫驅從[104]의 천한 무리에 던져서 북경으로 다니는 사신의 일행에 들어서 해마다 북경의 천주당으로 신부를 보내달라

---

103 정약종의 아들, 정약용의 조카
104 마부와 벼슬아치를 따라다니던 하인

는 운동을 했습니다. 당시 북경 교회의 사정이 이를 허락지 아니하여 매년 거절을 당하였건만, 그래도 꺾이지 않고 3, 4천 리 먼 길에 말 엉덩이를 따라서 그 이듬해 또 가고 또 그 이듬해 다시 가기를 9번을 하여 그 목적을 달성한 뒤에야 그만두었습니다. 아무 보상 없는 교역에 오랫동안 혼신의 정력을 기울이다가 마침내 헌종 기해년의 교옥敎獄에 훌륭한 순교를 이룬 것은 그것이 강인지구적強靭持久的으로 발로된 용기인 점에서 더욱 느꺼운[105] 사실입니다.

그러나 이러한 용기는 반드시 정씨 일문과 정하상 혼자만에 그친 것이 아니라 전교傳敎 이래 여러 번의 크고 작은 교난敎難에 악형독책惡刑毒責을 없는 것 같이 알고 영광의 죽음을 구한 허다한 순교자가 형태는 다른 것 같지만 정신은 한결 같았습니다. 조선 천주교 역사는 순교로 수미首尾를 쌓았다고 이르는 터인데 이 순교담 하나하나가 모두 주의主義의 앞에는 생명도 아무것도 아까운 것이 없다 함을 몸으로 나타낸 사실들입니다.

---

105 어떤 느낌이 마음에 북받쳐서 벅찬

명문가의 일족으로 일가의 파멸도 개의치 않았으며, 방년芳年 처녀로 시집가기를 잊었으며, 결혼의 형식을 취하되 일생 동안 순결할 것을 서로 약속하여 이를 깨뜨리지 아니하곤 했습니다. 그러던 끝에 형리에게 붙들려서 배신한다는 한마디만 하면 석방이 된다 하는데도 귀천, 유식하고 무식하고 관계없이, 남녀노소 할 것 없이 하나도 살기 위해 압박에 굴한 이가 없고 심지어 막 말을 배우고 걸음마를 하는 어린아이까지 부모의 시신 위에서 웃고 순교하는 일이 무더기로 있고, 번번이 그렇고 예외가 없으니 이 용기를 어떻다고 하겠습니까? 혹 법사옥관이 일부러 구명하기 위하고 혹 시대가 변하는 통에 채 형장에 가지 못하고 잊어버리는 일이 있어, 사형 선고를 받은 채 오랫동안 죄수 노릇을 하되 무서운 고초 속에 신앙이 더욱 견고하여 동료 죄수부터 옥리까지를 감화하여 믿게 만든 예도 비일비재하니, 이것이 어찌 보통 용기로만 말할 일이겠습니까?

혹시 말하기를 조선인은 유약한 폐가 있다고 합니다. 우리는 그런 이에게 조선 근세의 순교사를 보이고 싶습니다. 그 일부일절一部一節만을 볼지라도 그 생각이 옳지 않았음을 깨달을 것입니다. 혹시 일시일면 －時－面의 일이 아니냐 하는 이가 있다고 하면 우리는 다시 신라의 화랑 역사를 다시 보라고 하겠습니다.

옛날 화랑네 순교와 근세 천주교도의 순교를 붙들어 매어 볼진대 정의와 신념을 위하여 두려운 것, 아까운 것이 없는 피가 1천 년, 2천 년을 내려 꾀어서 조선인의 혈관에 괄괄 소리를 지르는 사실을 다시 앙탈하지는 못하겠지요. 어느 외국의 역사가는 조선 근세의 순교사를 보고 말하되 조선인이 무서운 민족이요, 동양과 세계에서 큰 굿을 할 인종임을 여기서 분명히 깨달았다고 하였습니다. 그는 분명 조선인을 바로 보는 눈을 가졌다 하겠습니다. 강의견인 剛毅堅忍, 용장의열 勇壯義烈을 신망애 信望愛의 위에 이만큼 발휘하는 조선인을 누가 약하다 하며 그 조선을 누가 적다고 하겠습니까. 호산나 조선!

희랍교회란 것은 무엇입니까?

희랍希臘교회는 11세기 로마교회에서 분리하여 나온 기독교의 일파인데 일명 동방교회라 함은 로마교회가 서방에 있음에 대한 말이요, 또 정교회正敎會라고 함은 종래의 여러 번 종교 대회의에서 정한 교의 및 조례를 지킨다는 뜻을 나타낸 이름입니다. 희랍교회라 함은 그 본명이 아니지만 이것이 처음 희랍에서 발기되고 그 신조와 예문과 신학상의 용어가 희랍적이므로 보통의 명칭을 이뤘습니다.

희랍교는 로마교회와 신교회를 아울러 기독교 3대 교파의 하나로서, 희랍인과 러시아인 기타 슬라브 인종을 포괄하여 로마교회의 2억 5천만, 신교회의 2억만에 대하여 희랍교회는 대략 1억 5천만의 신도를 가집니다. 러시아는 실로 희랍교회의 중심이며 서구 및 미국에서는 소수의 신도가 있을 뿐입니다. 희랍교회의 조선 전도는 광무 4년1900에 러시아 정교가 진출했다가 러일전쟁으로 말미암아 중도에 폐기되고, 강화 후에 부흥하였으나 러시아가 혁명을 한 후로 종교 파괴를 강행하는 중이며 외국 전도 같은 것은 저절로 잊어버려져서 교세는 볼 것이 없게 되었습니다.

성분도회聖芬道會는 무엇입니까?

성분도회는 융희 3년1909에 독일 신부 사우에르 등이 창립한 바로서 경성의 동소문 안에 그 본교당을 두고 원산지방을 교구로 하여 전도에 종사하는데 그 교파는 가톨릭에 속하여 프랑스계 천주당과 더불어 동일한 것입니다. 이 교파의 신부 가운데는 조선문화의 연구에 정진하여 좋은 저술을 내는 이가 있어서 일반의 주목을 끌고 있습니다.

기독신교新敎는 언제부터 들어왔습니까?

로마 가톨릭교회가 중점을 외형적인 제도에 두고 사람 개인의 정신적 결정을 무시함에 반대하여, 400여 년 전에 이른바 종교개혁운동이 일어나서 로마교회 이외에 독립한 교회를 건립하고 모든 제도와 의식의 속박에서 벗어나서 성서 및 신앙으로써 사람과 하느님이 직접 연통하는 새로운 신앙을 주장하였습니다. 이 단체를 프로테스탄트개혁교회라 하고 또 종래의 로마, 그리스의 양교를 구교라 함에 대하여 개혁회를 신교라고 하게 되었습니다.

신교는 구미에서의 성장과 정리에 바빠서 세계 전도의 여력이 없고 근세 동양에 전래한 것은 구교의 유파에 그치더니, 18세기 말부터 외국 전도와 기운이 움직이기 시작하고 19세기에 들어서면서 영국, 미국, 독일, 프랑스에 각각 전도협회가 설립되어서 아프리카, 인도, 중국, 일본 혹은 조선의 각국에 향한 전도운동이 차츰 활발하여졌습니다. 조선에 대한 신교운동은 순조32년 임진1832 7월에 네덜란드의 전도협회에 속한 독일인 선교사 찰스 쿠츨라프가 영국 동인도회사 소속 기선 '로드 아머스트'호에 편승하여 동인도회사를 위하여 북중국의 무역사정을 시찰하고, 기회가 좋으면 조선과 통상하고 동시에 신교를 선전하자는 의도로 1개월간 충청도 해안을 두루 둘러본 다음 결국 아무 성과 없이 물러나고, 그 후 30여 년 소식이 없다가 다시 고종 병인년1866에 미국 선적의 무장 범선 '제너럴 셔먼'호가 또한 통상 개시의 목적으로 중국과 조선의 연안을 항해하다가 7월에는 대동강을 거슬러 올라가 양각도羊角島에 이르러 조선인과 충돌이 생겨 9월 2일음력 7월 24일에 선체는 불에 타고 선장 이하 19명의 승무원이 모두 살해된 사건이 있었는데, 이 중에 런던 전도협회에 속한 장로파의 선교사인 스코틀랜드 사람 '로버트 자멘 토마스'라는 사람이 전도의 목적으로 함께 왔다가 살해당하면서 이번에도 또한 씨를 뿌리지 못하였습니다.

이 밖에 봉천奉天에서 조선인에게 전도하면서 성서 번역과 조선어사전 편찬을 기도하던 '썬 로스'와 일본에서 조선 학생 간에 전도한 조지 녹스, 로버트 매클레 등이 있었으나 본국에까지 그 영향을 미치지 못했습니다. 그러다가 고종 병자년1876에 개국정책이 실시되고, 임오년1882에 미국과 더불어 통상조약이 체결되고, 이어서 계미년에 영국, 독일 양국과 통교하여 갑신년 이래로 이 제국의 신교 선교사가 비로소 공공연히 입국하기 시작했습니다.

이들 선교사의 선구자가 바로 갑신년1884에 입국한 미국 북장로파 선교사 호저즈 앨런安連입니다. 그는 의사, 외교가로 우리 신문화에 공헌이 크고 특히 광혜원廣惠院[106]을 지어 신의학과 그 의술의 길을 열었으며 이듬해 같은 장로파長老派로 조선 주재 최초의 목사인 H. G 언더우드원두우가 입국하여 신교 선전의 기초를 세우고 이로부터 장로교 선교사의 도래가 꼬리를 이으니, S. A 모페트마부열[馬富悅], J.S 게일기일, F.S 밀러, C. G 빈튼 등은 그 가운데 대표적인 사람이었습니다. 이 장로파는 처음 경성, 평양, 부산, 원산을 주요 근거지로 하여 전도와 함께 교육 사업에 힘써 학교가 많기로 다른 파의 으뜸이 되었습니다.

장로파의 언더우드가 입국하던 그 해1885에 감리파監理派에서는 일본에 있던 R.S 매클레가 건너온 후 이어서 H. G 아펜젤러가 입국하고 C. H 존스, W. B 스크랜튼 등이 뒤를 이었습니다. 또한 교육 사업에 뜻을 두고 처음으로 조선

---

106 후의 제중원[濟衆院]

인 전도사 양성에 착수하였습니다. 조선에 있는 신식학교의 효시인 배재학당1885과 여학교의 시작인 이화학당1886이 다 이 파가 세운 바요, 한편 한글, 한문, 영어의 활자를 구비한 인쇄소를 경영하여 진보된 출판물을 내고 한국 최초의 여성전문병원인 보구여관普救女館을 설립하여 깊은 규방에 갇힌 여성에게 새로운 의료의 혜택을 받게 하는 등 문화적 공적이 자못 컸습니다. 이로부터 신교의 각국 각파들이 계속 들어와 교세가 융성하고 한편 문화운동과 민족운동의 의지점이 된 관계로 그 성향이 대단하여, 한때 서양에서 말하기를 전도협회 설립 이후로 수확이 가장 많기는 조선이라고까지 했습니다.

영국 성공회聖公會란 것은 무엇입니까?

영국 성공회는 일명 영국 교회라고도 하니, 영국 교회는 그 전부터 로마교회에서 일종의 특권을 받아서 국왕이 그 수장 노릇을 하다가 4백 년 조금 전에 로마교회에서 분리되어 독특한 교의와 의식을 제정하여 정통적 기독교회로 자처하니 그 교의와 의식은 대개 구교와 신교를 절충했다 할 것입니다. 교직은 주교Bishop, 사제Priest, 집사Deacon의 셋으로 나뉘어서 감독은 자못 큰 권능을 갖고, 영국 켄터베리 대교구의 주교는 영국 제일의 귀족으로서 국왕의 대관식을 집행하는 지위에 있습니다.

조선에 있는 영국교회는 전도협회로 말미암아 세워진 것이니 그 계획은 진작부터 있었으되 실행이 지연되다가, 고종 정해년1887에 함경북도 북청 및 일본의 영국 감독이 조선을 시찰하고 본국으로 선교사 파견을 재촉하여 기축년1889에 감독 콜푸에게 조선에 있는 영국교회의 관리가 위임되어 경성과 인천에 교회가 설립되고, 다음해 경인년1890에 초대 감독으로 터너가 임명되어 선교와 의료 등의 사업이 진행되어 나왔습니다. 경성에 설립한 부인병원은 그중 대표적인 사회사업이었습니다.

구세군 救世軍 이란 무엇입니까?

구세군은 약 80년 전 1865에 영국의 목사 윌리엄 부스 부부가 런던 동부의 빈민굴을 보고 전도와 사회개혁을 함께 하는 취지로 설립한 동東런던 전도회로 시작하여 13년 뒤에 지금의 이름으로 고치고 군대조직에 의하는 진격적 전도방법을 쓰게 된 것이니, 그 아들인 부스가 조직을 강화하여 차차 세계 각지에 그 지부를 설립하여 나왔습니다. 조선으로의 진출은 비교적 늦어서 융희 2년 1908 호가트 허가두를 영도자로 하여 구세군영이 설립되고 사관학교, 육아소, 신문발행 등이 차례로 실시되었습니다.

기독교가 우리에게 준 영향은 어떻습니까?

기독교의 전래가 조선의 문화와 조선인의 생활에 끼친 공적은 여러 방면으로 큰 것이 있지만 우선 그중의 몇 가지를 들어 말씀하겠습니다.

첫째는 미신의 타파니, 기독교가 유일신 밖의 모든 우상을 배척함으로 말미암아 다른 아무 방법으로도 조치하기 어려운 미신이 한번 교단에 들면 뿌리째 뽑혀버림은 실로 정신적 해방의 큰 은덕이었다 할 것입니다.

둘째는 국어와 국문의 발달입니다. 기독교 선교사가 경전 번역과 책자 작성을 위하여 조선 어법 및 조선 문체를 연구하여 종래에 향언鄕言, 언문諺文이라고 경시되던 국어와 국문에 새로운 생명과 가치를 갖게 된 것은 진실로 우리 문화에 대한 일대공헌이라 할지니, 저 천주교 전래 후에 종교서적 번역과 사전 편찬이 수차 실행되고, 신교가 들어온 뒤에는 성서완역과 찬송가 번역 등을 위하여 어문의 쓰임이 더 커지는 동시에 조선어의 문법 연구가 그네들의 손으로 큰 진보를 이루는 등 조선 어문에 대한 기독교 선교사들의 공적은 진실로 영원한 감사를 받을 것이요,

셋째는 근대문화의 세례니 기독교 선교사는 전도의 기구

또는 방편으로 학교를 설립하고, 따라서 근대 학술의 교과용 책을 만들고 의료사업으로 인하여 근대 의학을 전하고 근대적 인쇄술을 수입하고, 신음악을 보급하고 집회·오락·교제·연설·토론 등 공동생활의 양식을 가르치고, 또 그네들의 사생활에서는 음식·의복·원예·공작 등에 관한 가르침을 받는 등 기독교의 진행은 그대로 근대 문화의 보급을 의미했다 하더라도 과언이 아닐 것이요,

넷째로 부녀의 해방이니 예배 기타의 집회에 있는 남녀회동은 우선 부녀의 폐쇄적인 생활을 타파한 것이요, 남녀평등의 사상과 축첩제도를 폐지하는 교칙은 부녀의 사회적 지위 향상이요, 여학교의 설립과 보급은 부녀에게 교육상 기회균등을 준 것이요,

다섯째 의례의 간소화이니 조선인은 본래 형식을 좋아하는 천성이 있는데다 유교의 예의숭상을 그대로 수용하여 이른바 사례四禮를 그대로 좇는 인생 활동상의 일대 질곡을 이루고 인습에 얽매여서 그 폐단을 벗지 못하다가, 기독교의 신앙에서 비로소 규칙과 예절에서 벗어나는 길을 얻고 기독교적 혼례와 장례의 간편하고 장중함은 드디어 일반사회의

환영을 얻기에 이르렀습니다.

  이 밖에 계급적·고질적 폐습을 과감히 없애고 교회를 통해서 세계의 호흡에 공감한 것, 혹은 국권상실 후에 민족운동의 의지할 데를 이 속에서 발견한 것 등도 잊을 수 없는 혜택이라 할 것입니다. 또 한편으로 조선의 문화와 사정이 선교사들의 저술로써 서양에 소개된 공적도 적지 않되, 다만 중국과 일본에 왔었던 이들만큼 우수한 학구력을 가진 이가 적었던 것은 조금 섭섭한 일이었습니다.

회회교回回敎도 조선에 들어왔습니까?

회회교는 1천 300여 년 전에 아라비아의 메카인ㅅ무하맛마호메트이 알라신의 계시로써 만든 일신교이니 그 정명은 이슬람교라 하여 '신께 절대 신순信順한다'는 뜻을 취한 것이요, 교조의 이름 때문에 무하맛교라 하기도 하며, 중국에서는 서역의 이슬람들이 신봉하는 것이라 하여 '회회교'라고 통칭하고 있습니다. 그 신조 삼는 바는 "너희는 유일신 알라 외에 신이 있다고 하지 말라. 그리고 무하맛은 그가 보내신 예언자이니라"함입니다.

회회교는 창교 당시에 이미 중국으로 전래하였다는 말도 있지만 확증이 없고, 페르시아와 중국과의 교역이 빈번하여짐과 함께 차차 남중국에 행하였으며 원나라 때에 대식大食: 페르시아, 아라비아 등 회회계통 민족들의 중국 이주가 많아짐에 따라 각처에 교세가 성하여졌습니다. 고려에는 언제부터인지 회회인과 함께 유입하여 왕경王京: 개성에 그 교당이 있었으며, 조선에 내려와서까지 '회회대조회송축回回大朝會頌祝'이란 것을 고유 의식이나 전례로 따르고, 그 교사敎師는 '회회사문回回沙文'이라 하여 그들의 풍습과 의례를 지키더니, 세종 9년1427년에 이르러 그것을 없애고 또 그네들로 하여금 나라의 풍습을 좋게 하였습니다.

   그러나 회회교가 변형된 것이 대국신당大國神堂이란 이름으로 민간신앙화하여 오래도록 이어졌습니다. 조선 초기 문화에 영향을 미친 이슬람 역법曆法, 이슬람 의술 등은 필시 회회교의 전래와 관계가 있을 것입니다.

제10장 어문

조선어는 언어학상 어떤 종류에 속합니까?

세계 인류의 언어는 수백 가지가 넘지만 그 생김새의 유표有表한 점을 살펴보면 대강 세 종류로 갈라 붙일 수 있다고 학자가 말합니다.

하나는 말이 알갱이 알갱이 따로 떨어져서 말 그것에는 성질이 나타나지 않고 글을 만들어 놓아야 비로소 문법상의 관계가 드러나는 고립어孤立語란 것입니다. 이를테면 '명明'이란 말이 글자로는 부사인지 명사인지 형용사인지 동사인지가 분명치 않다가 신명神明, 등명燈明에서는 명사요, 출명出名, 월명月明에서는 형용사요, 천명天明, 명덕明德에서는 동사로 드러남과 같습니다. 중국어 외에 티베트어, 타이어 등이 이 종류에 속합니다.

둘째는 말의 몸뚱이에 발을 달아서 이렇게 저렇게 필요한 대로 변통하여 쓰는 교착어膠着語: 또는 첨가어란 것입니다. 이를테면 '사람이 길을 걷는다'고 할 때 '이', '을', '는다' 하는 말이 '사람', '길', '걷'이라는 몸뚱이에 붙어 한 글월을 짓는 따위입니다. 바꾸어 말하면 토吐 달이 하는 말입니다. 우리 조선어가 이 교착어에 붙는 하나요, 동무에는 만주어, 몽골어, 일본어, 우랄 알타이어, 드라비다어 등이 있습니다.

셋째는 말의 의미를 변화시키는 부분이 그 말의 뿌리에 들어붙어서 그 일부분을 이루고, 변화하는 대로 말의 아랫부분이 이렇게 저렇게 꺾이는 굴절어屈折語라는 것입니다. 이를테면 영어에서 책을 '북book'이라고 하는데 여러 책을 나타낼 때는 '북스books'가 되고, 사람을 '맨man'이라고 하는데 여러 사람을 나타낼 때는 '멘men'이 되며, 글을 쓴다고 하는 '라이트write'라는 말이 시간관계의 변화를 따라서 '로우트wrote' '리튼written'이라는 딴 모양을 만드는 따위입니다. 유럽 여러 나라의 말이 대개 이 종류에 속합니다. 자세하게 갈피를 찾아서 이 밖에 한두 자리를 더 차지하는 일이 있지만 세계의 주요 언어는 이상의 세 종류 가운데 대개 수용됩니다.

우랄·알타이 어족이라는 것은 무엇입니까?

사람들 사이에 조상을 한 가지로 하는 일가의 관계가 있고, 일가에는 촌수의 멀고 가까운 구별이 있는 것처럼 인류의 언어에도 본래 한 근본에서 나와서 서로 특수한 관계를 갖고 있는 떨거지들이 있습니다. 이 말의 계통 관계를 어족語族이라고 합니다. 세계 인류의 언어를 계통적으로 잘라보면 대개 여남은 떨거지가 있다고 하는데, 아시아 대륙 북방의 우랄산과 알타이산을 중심으로 하여 동쪽은 일본, 서쪽은 터키, 남쪽은 파키스탄, 북쪽은 유럽과 아시아 양 대륙을 아울러 북극해에 이르는 동안에, 사는 여러 민족의 사이에서 쓰는 말은 문법이 서로 같고 말의 성질이 서로 비슷하고 주요한 단어에 서로 일치되는 것도 많아서 다른 것에 비교하여 볼 때에 분명히 한 덩굴에 열린 것이라는 느낌을 줍니다. 그러므로 학자들이 이 떨거지를 '우랄·알타이 어족'이라고 부르기로 하였습니다.

우랄·알타이 어족이 한 떨거지이면서 북쪽의 우랄산 쪽과 남쪽의 알타이산 쪽에 약간 구별이 있음으로써, 우랄·알타이 어족을 다시 우랄족과 알타이족의 두 부분으로 나누고, 또한 그중에서 더 자세한 촌수를 따져서 어느 말과 어느 말이 가깝다 멀다 함을 말합니다. 우리 조선말이 우랄·알타이 어족의 가운데 알타이족에 붙는 것은 대체로 의심할 것 없으나[107], 한 걸음 나아가 우랄·알타이 어족 가운데서 어떠한 지위에 있고 어떤 내력을 가졌느냐 하는 점은 아직 조금도 명백해지지 않았으며, 외국의 학자들 가운데 이렇다 저렇다 하는 시론을 발표한 것이 없지 않으나 제법 시원한 의견으로 칠 것이 없으며, 마땅히 조선인 자신의 금후 노력으로써 이 문제를 해결하지 않으면 안 될 것입니다.

우랄·알타이 어족 외에 중국 기타를 포괄하는 차이나 어족, 남양어南洋語의 대부분을 포괄하는 '말레이·폴리네시아' 어족, 구미어를 대체로 포괄하는 인도·게르만 어족이라는 이름을 알아둠이 필요합니다. 그리고 이것을 언어 형태상으로 말하면 우랄·알타이 어족은 교착어요, 차이나 어족은 고립어요, 인도·게르만 어족은 굴절어입니다.

107　학자 중에 북방 말고 남방에서 '몬크멜'어의 연결을 중요하게 보는 이가 더러 있지만 찬성하는 이가 아직 적습니다.

조선말은 얼마나 오랜 기원을 가졌습니까?

우리 민족이 세계에 있는 퍽 오랜 민족의 하나인 만큼 그 언어도 심히 유구한 내력을 가진 것입니다. 그것은 우랄·알타이 어족에 붙이는 여러 민족 가운데 조선만큼 역사가 오래고, 국토가 흔들리지 않고 사회와 문화가 이어져 끊어지지 않은 민족이 없으며, 또 조선만큼 말의 수효가 많고 문법이 분명한 나라가 없음을 보아서 말의 연원이 또한 그만큼 심원할 것은 짐작할 것입니다. 지금 우리가 조선어의 기원을 찾아 올라가면, 어떤 것은 엉뚱하게 아득한 옛날 시절에 가서 닿는 것이 있으니, 곧 인류가 최초의 발생지에서 멀지 않은 곳에 모여 살고 아직 멀리 퍼지지 않았을 때에 쓰던 말로 인정되는 말이 조선말 가운데서 발견되는 예가 있습니다.

이를테면 태양과 광명신光明神을 고대 조선어에 '붉' 또는 '붉안'이라고 하였는데 여진어에 태양을 '뱌칸'이라 하고, 중국에서 일조日照의 신神을 '발魃'이라 합니다. 인도에서 광명신을 '바르나'라 하고, 셈 민족은 태양신을 '빠알' 이라 하고, 바빌로니아인은 태양신을 '벨'이라 하고, 이집트에서는 태양을 '피'라 하고, 그리스에서는 태양신을 '아폴로'라 하고, 로마에서는 천주의 아들인 화신火神을 '불칸'이라 하고, 북구에서는 태양신의 아들인 생식生殖신을 '프리가'라 하여 우주 지고至高의 광명신에 대한 어형語形이 모두 일치하는데, 이렇게 넓은 범위에 있는 각 시대 각 민족 간의 일치는 인류사의 최고最高시대에 공동으로 쓰던 말을 인류의 원래 거주지에서 사방으로 분산할 때에 각기 가지고 나간 것으로밖에 적당한 설명이 서지 않습니다. 그런즉 조선에서 태양으로부터 광명신, 천신天神, 최고신最高神을 '밝'이라고 하는 기원이 까마득함과 함께 조선어 그것의 연원이 또한 유구하고 장원함을 생각함이 진실로 당연합니다.

조선어의 구성 내용은 어떻습니까?

인류의 문화가 전파 교류를 본질로 하는 만큼 어느 나라 말이고 절대로 외곬으로 내려와서 처녀성을 곱게 보존하는 일은 있을 수 없습니다. 더욱 조선어는 그 기원이 유구한 만큼 발달과정에는 각 민족, 각 시대의 필요한 요소를 많이 섭취하여서 그 내용을 풍부하게 하여 내려온 것이 사실일 것입니다. 그러나 커다란 용광로에 들어가는 쇠가 녹아서 한 액液이 되는 것처럼 대개는 언제 어디서 들어온 것인지를 모를 만큼 조선어라는 허울을 뒤집어쓰고 있게 되니, 오늘날 우리가 고유 조선어거니 하는 말도 캐어보면 이러한 것이 퍽 많습니다.

지금 조선어를 구성하고 있는 요소는 대강 조선 자체의 생성으로 인정되는 것, 한문의 전용임이 분명한 것, 근세에 일본 및 구미에서 새로 유입된 것의 세 가지 위주로되, 고유어로 생각하는 말에도 자세히 살펴보면 다른 데서 들어왔음이 명백한 것들이 퍽 많습니다. 이를테면 '신융시늉'은 '형용形容'이 화한 것이요, '의뭉'이 '음흉陰凶'에서 변한 것이요, '야단법석'이 '야단惹端'과 '법석法席'이 합쳐진 것이요, 정신을 차린다는 뜻의 '뒤수른다'가 '두수抖擻: 정신을 차려 일어남'에서 나온 말인 것 등이 그 예입니다.

  이러한 사실은 가까운 한문뿐만 아니라 얼른 생각하기에는 얼토당토아니한 데서 들어온 것도 심히 많습니다. 또 이 모양으로 시방 우리가 분명히 다른 데서 온 말인 줄 아는 것도 세월과 함께 형상이 변하고 의미도 달라져 다른 날에 가서는 고유어 행세를 할 것이 많을 것도 짐작할 수 있습니다. 세상에는 국어의 순수성을 너무 심하게 주장하는 이도 있지마는, 어느 국어든지 순수와 불순은 결국 정도의 문제지 절대성의 그것은 존재할 수 없는 것입니다.

외래어란 무엇입니까?

외래어란 것은 외국이나 이민족으로부터 가져 들어와서 그 들어온 색태色態가 아직 사라지지 않고, 또 누구나 그런 줄 알아볼 정도에 있는 생生된 말을 가리키는 것입니다. 마치 그 전의 외래어가 이미 고유어로 알게 된 것처럼 지금 외래어도 오랜 뒤에는 또한 고유어의 줄에 서게 될 날이 있을 것은 물론입니다. 외래어가 너무 드세고 또 그것을 일부러 들여오고 함부로 쓰는 것은 물론 피해야만 내 세간살이를 온전히 보전하게 되겠지만, 문화 발달과 생활의 확장상 필요한 외래어 수입은 결코 싫어할 것이 아니며 또 그 세력을 억지로 막자고 해서 막아지는 것도 아닙니다.

옛날 말에 초재진용楚材晉用[108]이라고도 하고 태산이 불양토양不讓土壤하여 능성기대能成其大[109]라는 말도 있거니와, 한 국민의 어휘가 많음은 그 문화 정도의 높음을 나타내는 동시에 그 가운데 필요한 외래어가 많음은 그 어휘 발달에 대한 포용력과 소화력을 보이는 사실도 되는 것이니까, 여기

---

108 초나라의 인재를 진나라에서 쓴다는 뜻. 같은 무리 안에서는 그 진가를 알아주지 못하고 남이 그것을 이용함을 이름
109 태산은 작은 흙덩이도 사양하지 않는다는 뜻으로 도량이 넓어 많은 것을 포용함을 비유한다.

에 대해 너무 편협한 태도를 갖고 혹시 국가적으로 이러한 정책을 강행하든지 하면 그 생활과 문화의 발달이 의외의 방해를 받을 것입니다. 괴테의 말에도 "한 나라 말의 강고함은 외래 요소를 배척함에 있는 것이 아니라 그것을 섭취함에 있느니라"고 한 것이 있습니다.

조선에 있는 외래어의 실제를 범위 넓게 말씀하여 주시오.

한 국민의 문화는 언제든지 세계 속에 들어 있는 것이니 언어문화도 언제든지 전 세계의 영향 아래 있을 수밖에 없습니다. 조선어의 내용도 두루 뒤져보면 전 세계의 모든 말이 골고루 들어와서 그 구성분자가 되어 있으며, 또 그것은 어제오늘의 새로운 일이 아니라 옛날 옛적부터 그렇던 것입니다. 그 자세한 내용은 커다란 사전에서나 밝힐 것이지만 비교적 흥미 있는 재료를 각국별로 몇 마디씩 들어보겠습니다.[110]

---

110 이 가운데 만주, 몽고, 일본 등 우선 음이 비슷한 것을 든 것이니까 혹시 외래어가 아니라 실상 수출어인 것이 있을는지 모름을 짐작하여 주시오.

만주어	슈수高粱, 마루山梁, 장끼稚, 감투冠巾
여진어	송학매 이름, 응명鷹名, 한汗군주, 허천강虛川江城, 두만강豆滿江萬
퉁구스어	아씨, 구렁이, 갈래, 마루廳事
거란어	미리彌里촌村, 몰리沒里하河, 해동청응명, 천아天鵝고니
선비어	가한可汗군주, 아찬阿粲아전, 비소소比跣빗, 목골여木骨閭몽우리
몽고어	군君사람, 말馬, 마라기冠, 더그레[111]
타타르어	적時, 맘모스모상毛象,
흉노어	門안에 於 氏음갈씨흠룡氏, 여성, 연지臙脂화장료, 두락逗落밭두렁
사모예드어[112]	텁과瓜, 바이廳, 꺼풀피곡皮穀
돌궐어	닥산山, 영몽檸檬레몬, 부란풍風, 타락駝酪건우乳乾牛乳
위구르어	글문자文字, 갓방傍, 측側, 틀법도法度
일본어	지사미썬 담배, 고구마감저甘藷, 모찌餠 비치게
유구어	위과瓜, 뮈산山, 소철蘇鐵 봉미초鳳尾蕉, 미시밥
아이누어	잣성채城砦, 곰포곤포, 벼랑애崖
핀란드어	미母, 아이, 알下, 올正實

---

111 포자[袍子], 조선시대에 각 영문의 군사. 마상재꾼, 의금부의 나장[羅將], 사간원의 갈도[喝道]등이 입던 세 자락의 웃옷. 호의[號衣]라고도 한다.
112 사모디어라고도 한다. 우랄어족의 한 분파로 시베리아의 예니 세이강에서 러시아의 백해, 북극해 연안 등의 지역에서 쓰이는 말

헝가리어	밸腸, 버레蟲, 녀르夏, 아드子息
지나어	천량錢糧, 피리, 여호野狐, 사지茶匙
티벳어	라마僧
말레이어	빈랑, 라완목재명, 캄풀龍腦, 바둑小石
몬크메르어[113]	살라사랑, 한-, 닐훗七, 아우弟
잠어	ㅂ쌀米, 원래 바술, 모시원래 머숨, 보름望, 내河
말라카어	배布
폴리네시아어	타부, 신日, 東方 우리大, 마다源, 本
인도어	쌀米, 고자㝔子, 카키, 방갈로
범어	불타부처, 羅漢, 찰절, 유리琉璃
팔리어	塔婆탑, 다비, 반야
페르시아어	도당인도아연, 태풍, 빠사小市, 포도
아라비아어	아편, 알콜, 커피, 라켓
히브리어	예수, 사탄, 조끼
셈어	아세아日出處, 歐羅巴日入處

---

113 오스트로 아시아 어족에 속한 언어. 인도차이나 반도에서 번성했던 몬족과 크메즈 족 언어

이집트어	따國土 해백색, 버리麥, 얼大人
아시리아어	바알태양신, 무水
스메르어	칼鋪, 맬帶, 것表, 울雷
그리스어	아카시아, 올림픽競技, 잉크墨汁, 유토피아夢想國
라틴어	페지書葉, 금계랍, 키니네, 인텔리, 인플레
이탈리아어	레그혼, 바라크, 파라솔, 오페라
프랑스어	메들, 에피소드, 아그레망, 쿠에타
독일어	로봇, 나치스, 트릭, 테마
영어	와이샤쓰, 륙사크, 테니스, 레코드
켈트어	돌멘
러시아어	스텝, 룸펜, 소비에트, 토치카
노르웨이어	스키
스페인어	메린스毛織布, 카스테라, 네그로, 게릴라
포르투칼어	펑빵, 곱보컵, 만또외투, 라샤라사
네덜란드어	펜, 뿌리키錫板, 램프, 가스
호주토속어	캉가루, 에뮤호주타조
모스크어	코코아, 초코레트, 토마토
인디언어	토템, 퓨마

아메리카어	트렁크, 칼라, 베이스볼
서인도어	담배 원래는 투바코, 마호가니, 함목

    이상은 어의가 아주 일치하여 따로 설명을 붙이지 않아도 가한 것을 한 방면에 몇 마디씩 추린 것이지만, 이만 하여도 관계 범위의 넓고 교섭 연대가 오랜 것을 넉넉히 짐작하는 동시에 인류의 한 형태를 언어에서 또 한 번 살필 것입니다.

    조선은 언제든지 세계와 함께 있습니다.[114]

---

[114] 고대어의 비교 재료 중에는 더러 음운의 변전 경로를 설명해야 할 것이었으니, 이를 테면 '쌀'을 잠어[語]의 '부살'에 대비한 것이 얼른 보기에 들어맞지 않을 듯한데 현대어 쌀의 고형에는 'ㅂ쌀'이 있어 한자로 보살[菩薩]이라고 한 문적이 있음을 말할 필요가 있었음과 같습니다. 그러나 이러한 관계를 번거로이 말씀함은 이 책의 성질이 허락지 않는 바이기에 모두 덮어 두었습니다.

조선의 국문國文은 언제 어떻게 성립하였습니까?

조선 고대에 어떠한 종류의 기록술이 있었느냐 없었느냐는 금후의 조사를 기다려 밝혀질 일이거니와, 지금으로부터 2천 년 이쪽의 어느 시기에 한문이 북방으로부터 들어와서 1천 7백 년 전쯤까지는 이것이 우리나라에 보급되어 문사文史 기타를 다 이로써 작성하여 국문의 지위를 갖기에 이르렀습니다. 그러나 소리의 이치나 어법을 달리하는 외국 문자 그대로는 적절하고 정확한 기록의 목적을 이룰 수 없으므로, 신라의 어느 시기에 한문 연구連句 중에 아직 이전에 사용하던 한자인 앞 다리 한자의 음音 혹은 새김을 빌어서 필요한 국어 조사를 집어넣는 습관이 생기기 시작하다가 삼국통일 운동 시기의 전후에 이르러 그 법이 대강 발달의 일단락을 이루게 되니, 이것을 보통 이두吏讀라 하고 그 창안자를 신문왕 때의 학자 설총薛聰이라고 생각합니다.

이로부터 이두는 사용범위가 넓어짐과 함께 의례와 형식 등의 질적 발달도 있었으나 한문의 권위가 과대함에 눌려서 문학적으로 이를 초탈하려는 움직임이 얼른 나지 못하다가, 고려를 지나 조선에 들어와서 국민 문화 정비의 기운이 익어가고 이와 함께 독자적이고 절대적인 국어 기사부호記寫符

號의 요구가 거세져 더 막을 수 없게 되었습니다.

그래서 세종대왕께서 조선의 예법을 만드는 일로, 아니 그 주요한 일부로서 궁중에 언문청鄭文廳을 두고 정인지鄭麟趾, 신숙주申叔舟, 성삼문成三問, 최항崔恒 등의 학자로 하여금 연구를 거듭하게 하시다가, 세종 25년1443 12월에 이르러 국음자모 28자를 친히 정하시고 이것을 초성, 중성, 종성으로 구별하여 한 개의 음절이 한 글자를 구성하되 그 모양은 간결하면서도 모두 갖췄으며, 그 쓰임은 무궁하게 하여 이를 '훈민정음訓民正音'이라 이름 짓고, 다시 수년 동안 다듬은 다음 세종 28년1446 9월에 이를 천하에 공포하여 천지간에 훈민정음이 있음을 두루 알게 하셨습니다. 이에 조선이 비로소 완전히 독립한 국문을 가져서 문학적 자주의 열매를 맺게 되고, 인류가 또한 정확하고 합리적인 사음寫音[115]과 부호를 가져서 문화재의 축적에 절대적인 편익을 얻게 되었습니다.

---

115 소리를 기록하는 문자

훈민정음은 무엇에 의거하여 만든 것일까요?

인류의 문화에는 돌연한 발생이 없고 무엇이든지 근본으로부터 풀어나가는 것이라 합니다. 또 후세에 생긴 허다한 문자가 다 무슨 본새를 가지고 필요한 변통을 더하여 만들어 낸 것이 보통이기 때문에, 우리 훈민정음을 보는 이가 이것은 무엇에 의거하여 제작되었는가를 생각함이 진실로 괴이치 아니하지만[116], 우리의 보는 바로는 훈민정음만은 인류의 조자造字 특징의 새로운 국면을 창조한 신물神物로 그 형체나 조직이 다 절대적인 독창에서 나왔음을 믿을 밖에 없습니다. 무릇 이때까지의 모든 문자는 원시적이고 치졸한 기호로부터 이럭저럭 성립한 것에 그치는 만큼 정밀하고 만족스러운 합리적 문자를 만들어낸 것에는 원본을 삼으려 해도 삼을 만한 원본이 본래 없으니 어떻게 합니까?

그래도 무슨 근거가 있겠지 하고 떼를 쓰는 이가 있지만, 나는 천지자연의 소리와 천지자연의 문文이 진실로 훈민정음의 본보기라고 대답하겠습니다. 이것은 내가 주제넘게 새 말을 만드는 것이 아니라 실로 훈민정음을 만든 기사네

116　신경 쓸 일이 아니지만

들 성균관의 학자들이 훈민정음 서序에 '유천지자연지성有天地自然之聲 칙필유천지자연지문則必有天地自然之文[천지에 자연의 소리가 있으니 반드시 천지에 자연의 글이 있다]'이라고 갈파한 말을 그냥 옮긴 것입니다.

훈민정음의 기원을 기어코 어디다가 가져다 대려 하는 이들의 말에는 고전설古篆說, 범자설梵字說, 팔리자설巴利字說, 거란자설契丹字說, 여진자설女眞字說, 시리아자설字說, 파스파자설八思巴字說[117], 서장자설西藏字說 등이 있고, 이 모든 설이 타당치 못함에 정신 차린 이는 사상적으로 태극太極의 철학적 이치를 미루어 넓혔다고 말하기도 하고, 형태상으로 음악부호를 이용하거나 혹 창호문살의 모양와 책란柵欄: 울타리와 난간의 모방을 말하기도 하여 모여서 따짐이 분분하지만, 대개 억지로 이치에 닿지 않는 말을 하는 것뿐이요, 얼른 수긍되는 것이 없어서 어찌 생각하면 새둥대둥한[118] 견해가 하도 많음이 이미 이러한 여러 설에 붙들리지 않을 독창적인 것임을 반증하는 것도 같은데, 그중에서 이론이 그럴 듯하고 실제에

---

117 티베트 승려 파스파가 원 세조 쿠빌라이의 명을 받아 만든 몽고어용 문자
118 이것저것이 서로 비슷한

도 맞는 것으로 발음기관 상형설이 있음을 우리가 주목해야 합니다.

곧 초성_{자음}에서 ㄱ은 혀가 내리붙은 모양, ㄴ은 혀가 올라붙은 모양, ㄹ은 혀가 흔들려서 꼬불꼬불한 모양 등과 중성_{모음}에서는 분화가 아직 현저하지 않은 기본음으로써 혀가 약간 움직이는 정도의 것이므로 점 하나를 찍어서 지시만 하고 이것이 발전하여 혀가 수평적으로 있음을 느끼는 것은 ㅡ이고, 곧 수직적으로 있음을 느끼는 것은 ㅇ로써 나타내고 이 수직과 수평의 양 발전 상태가 상하좌우로 결합하여 다른 여러 모음이 나오는 것을 발음기관의 형태 내지 거기에 대한 감각 여하로써 설명해도 별로 거침 것이 없습니다.

무릇 이 형상설은 이미 정인지를 대표로 하는 학자들의 훈민정음 해례나 서문 가운데 분명하게 논한 것으로서 그 권위가 당당하니 훗날 사람들이 부질없이 이러니저러니 근거 없는 설을 세움은 망둦 아니면 치_{痴: 망령되거나 어리석다고}라 할 밖에 없습니다. 그리고 훈민정음 해례를 보지 못하고서 독자적인 견지에서 상형설을 발표한 이도 국내외에 여러 사람이 있는데 영조 때 학자 신경준_{申景濬, 1712~1781}의 훈민정음도해가 가장 요령을 얻었다고 추천할 만합니다. 여하간 훈민정음은 그 전에 참고할 만한 모범이 없는 만큼 순전히 독창적, 또 절대적으로 합리적인 의미를 새로 낸 것이라 함이 우리가 오래 주장하여 오는 바입니다.

당초부터 자방고전_{字倣古篆}이란 말이 있어 오는데 그것은 어떻게 해석할 것입니까?

『세종실록』에서 훈민정음이 이미 '자방고전'이라 한 구절이 있고, 정인지 등이 훈민정음 서_序에도 또한 형상이 자방고전이란 설명이 있으니까 훈민정음의 구성에 고전으로부터 온 요소가 있음은 대개 분명한 사실입니다. 그러나 여기 주의할 것은 고_古를 정인지가 붙인 의사만큼 취할 것이요, 그것을 지나치게 중하게 해석하는 폐단에 빠지지 말 것입니다.

곧 정인지가 말하려 한 점은 훈민정음의 일음절 일자주의 一音節一者主義가 한문과 같고 그 종횡방원_{縱橫方圓}의 기하학적 필획이 한문에서도 전문_{篆文}과 비슷한 것을 문학적으로 형용함에 그치고 결코 훈민정음의 전부가 고전을 본떴다고 단적으로 표시함이 아니거늘, 세간에는 이 어구를 본래 뜻 이상으로 잡아가지고 심지어 훈민정음의 자형과 한문과의 관계를 일본의 가나_{假名}가 한자의 편방_{偏旁: 부수}을 이용한 것과 같이 생각하려는 이가 있기까지 함은 골계_{滑稽: 우스꽝스러움} 스럽기도 하고 한심스럽기도 한 일입니다. 여기서 우리는 훈민정음 머리의 '유천지자연지성_{有天地自然之聲} 칙필유천지자연지문_{則必有天地自然之文}[천지에 자연의 소리가 있으니 반드시 천지에 자연의 글이 있다]'한 대정신과 대강령을 또 한 번 돌아다봅시다.

훈민정음의 문자학적 특색을 듣고 싶습니다.

훈민정음의 특색에서 비교적 두드러진 것 몇 가지만을 추려 말씀하건대 첫째는 형식과 실제와 기타 모든 것으로 철저히 학리學理적인 점입니다. 처음부터 전체가 일관된 합리적 의장意匠 아래 간단명료한 이상적 기호를 써서 정제되고 완전한 미를 갖춘 음운학적 배열을 갖춰 이론과 실용, 어느 면에서도 흠잡을 데가 없습니다.

둘째는 세계의 문자들 중 가장 나중에 나온 것으로서 인류의 모든 문자적 경험을 여기에 집결한 문자문화의 완성품이라는 점입니다. 인류의 문자는 보통의 표의表意와 표음表音의 두 종류로 나누고 그 가운데서 표음을 진보적으로 보는데, 훈민정음은 표음문자 발달의 극점에 서 있습니다. 그러나 표의문자의 의장에도 재미있는 점이 있고 더욱 한문의 1자 1음절 구성은 독특한 음운학적 가치를 가진 것인데, 훈민정음이 그 본질로는 순수한 표음문자이면서 글자 형은 1자 1음절임이 한문과 유사함은 진실로 표음, 표의 양 계통의 장점을 한데 가지고 있다는 관점이 있습니다. 이것이 조선 문화를 배양하는 원천으로 서로 떠날 수 없는 관계를 가진 한문과 더불어 서로 교류하는데 절대로 필요하였고 필요하고 또 필요할 것은 물론입니다.

　셋째, 간단한 조직이 천지간의 모든 어휘를 다 표현하여 만국 공통의 실제적인 성질을 갖추고 있는 점입니다. 세계의 어느 문자를 막론하고 훌륭하다고 하는 것들이 그 임자의 국어를 똑바로 기록함이 고작이요, 저 서양에 공통하는 로마자라는 것도 구미 이외의 언어를 표시하려 하면 여간한 불편을 느끼는 것이 아닙니다. 우리의 훈민정음만은 무릇 천지간의 소리로 큰 억지를 쓰지 않고도 넉넉히 그려내게 생겼으니, 훈민정음 서에 단언하여 말하되 '무소용이부비無所用而不備 무소왕이부달無所往而不達 수풍성학려雖風聲鶴唳 계명구폐鷄鳴狗吠 개기득이서의皆可得而書矣[쓰는데 갖추어지지 않은 바가 없고, 어떤 경우에도 통달하지 않은 곳이 없다. 모두 이 글자로 바람 소리, 학 울음소리, 닭 울음소리, 개 짖는 소리를 적을 수가 있다]'라고 하여 그 포부가 본래 이러하며 또 정음正音의 쓰임을 솔직하게 드러낸 것입니다. 이렇게 훈민정음은 한 나라의 글자로 만든 것이 아니라 진실로 세계 만민의 소용을 만족하게 할 사명으로서 인류 앞에 출현한 것입니다.

　이상의 세 가지 특색도 갸륵하지만 그보다도 더 빛나는 넷째 특색은 자형字形과 배열이 일사불란한 계통을 가져서 고동 하나만 붙잡으면 아무라도 금세 배워 가지게 생긴 점입니다. 세종대왕의 반포조서에 '욕사인인역습欲使人人易習 편어일용이便於日用耳[사람들이 쉽게 익혀서 날마다 쓰는 데 편하게 하고자 할 따름이대]'를 특별히 말씀하시고 정인지의 서문에 '간이요簡而要 정이통精而通 고지자부종조이회故智者不終朝而會 우자가협순이학愚者可浹旬而學[쉽고도 요간하고 정하고도 통하는 까닭에 슬기로운 사람은 하루 아침이 끝나기도 전에 깨우치고 어리석은 이라도 열흘이면 배울 수 있다]'고 하였습니다.

그러므로 세계의 다른 글은 다 배운다고 하는데 훈민정음만은 배운다는 말보다 깨친다는 말을 더 쓰고, 다 이해하고 터득하게 된 경계를 '깨쳤다'고 하지 배웠다고 하지 않음이 결코 헛된 말이 아닙니다. 쉽게 깨쳐서 그냥 쓰는 것이 진실로 우리 훈민정음의 근본이요, 생명입니다. 세상에 만일 이 알기 쉬운 글을 거북하게 비틀며 그리하여 깨치면, 아는 글을 배워도 모르게 하는 이가 있다면 그 사람은 훈민정음의 근본을 그르치고 생명을 빼앗는다는 책망을 짊어질 수밖에 없을 것입니다.

우리글의 바른 이름은 무엇입니까?

세종대왕께서 처음 조선 국자 國字를 만드시려 한 직접 동기는 우리 입으로 옮기는 말을 그대로 적는 글이 없어서 '우민 愚民'이 하고 싶은 말을 못함을 딱하게 아신 데 있었으니, 그러므로 이 답답한 것을 벗어나게 하는 통속적 문자를 발명하는 것이 목적이었습니다. 그래서 언문청이라는 관사를 베풀어서 이 일을 맡기시니, 언문이라 함은 곧 통속적 문자를 의미하는 것으로서 문자라 하면 한문을 생각하던 그때 당시의 형편에서 이 문자 이외의 민중을 위하고 국어를 위해 별개의 문자를 만든다는 의미쯤으로 우선 이러한 명칭을 썼던 것입니다.

그러나 사업을 진행하는 과정에서 그 의의와 목적이 차차 자라고 순화하여 드디어 합리적 완전성의 절대 문자를 발명하는 경계로 진입하였다가 그 목적을 달성하자 여기에 맞는 이름을 정하여 말하기를 훈민정음이라 하시니, 훈민정음이라 함은 가깝게 조선 백성으로부터 널리는 인류 전체까지를 교화하는 정당한 표음문자를 의미한 것이었습니다. 곧 '언문 조선 국어'를 위하는 통속문자로부터 출발하여 마침내는 인류 전체에게 소리를 기록하는 사음 寫音의 바른 길을 알려주는 표준문자의 목적이 커진 것입니다.

훈민정음이라 함은 창시자 자신이 이러한 이상을 담은 빛나는 이름이요, 동시에 우리들의 본명本名, 정명正名입니다. 훈민정음의 4자 가운데 훈민은 그 목적을 표시한 부분이요, 정음은 그 가치를 표시한 부분이니, 그러므로 목적 표시의 부분을 떼고서 간결하게 말할 때는 '정음'이라 하여도 무방할 것이며, 한편 발명 초기에 이렇게 쓴 사례가 있습니다. 이를테면 용비어천가 제3장 주註에 '범서지명凡書地名 한자지난통자漢字之難通者 우즉이정음지자서지又即以正音之字書之 인명지명人名地名 역개방차亦皆放此[무릇 지명을 쓸 때 한자를 모르는 사람 또한 즉 정음의 글자로 적는다. 인명과 지명 또한 다 이와 같다]'라 한 것이 그 예입니다.

이렇게 보면 훈민정음 4자 중에도 정음 2자가 실명實名이 되는 것이요, 또 정음 2자는 이 위대한 문자의 이름으로 아무 유감이 없을 아름다운 이름입니다. 그런데 훈민정음이라는 정식 명칭이 반포된 뒤에도 언문청 이래의 언문이라는 이름이 습관적으로 사용되고, 또 한문에 심취한 자들은 의연하게 한문은 진서眞書요, 훈민정음은 언문일 따름이라는 생각을 고집하여 이 사회에는 언문이라는 이름이 오랫동안 사용되었습니다. 또 그 습성이 외국으로까지 전해져 조선 문자를 언문이라 부르는 이가 많게 되었습니다.

   그러다가 갑신정변 이후 신사조가 밀려들어오고, 온갖 부면部面에 조선 의식이 선명해지면서 우리글을 국문이라 함이 통용되어 오늘에 이르렀습니다. 그러나 조선 문자의 바른 이름은 갖춰서 훈민정음이요, 생략해서 정음이며 또 이 중에는 큰 이상과 긍지가 있음을 잊어서는 아니 됩니다.

반절反切이란 이름은 무엇입니까?

한문의 자전에 어느 자의 음을 표시함에 처음에는 어느 자니 어느 자니 하던 것을 2자의 음을 합하여 한나라 후기에 그 음가音價를 정확하게 하는 법이 생겨, 곧 윗자에서는 앞음을 취하고 아랫자에는 뒤음을 취하여 둘을 맞붙여서 그 진음眞音을 나타내는 것입니다. 이것을 반反이라고 하다가 뒤에 절切이라 고쳐 말하고, 또 합하여 반절이라고 부르기도 하였습니다.

이를 테면 조朝는 지요반知妖反이라 하니 지자에서는 ㅈ음을 취하고 요에서는 ㅛ음을 취하여 둘을 합하여 '죠' 음을 내며, 선鮮은 식언절息焉切이라 하니 식에서 ㅅ 음을 취하고 언에서 'ㅓ' 음을 취하여 합해서 '선' 음을 냄과 같습니다. 그런데 훈민정음은 초중종의 3성을 떼고 붙이고 하여 음을 표시하는 것이 마치 한문의 반절법과 일치되고, 특히 가나다 이하 15행의 배열표排列表는 자음 모음을 반절하여 음가를 정한 것이므로, 한문하는 이들이 이 정음 배열표를 반절이라 하고 이것이 일반의 습관을 이뤄서 초학년용의 정음 기본자 배열표를 반절이라고 부르게 되었던 것입니다.

한글이란 말은 언제 생겼습니까?

융희 말년1910 조선광문회光文會에서 조선어 정리에 대하여 여러 가지를 계획할 때에 조선 문자를 조선어로 칭하자면 무엇이라 함이 적당하냐는 문제가 생겨, 마침내 세계 문자 중의 가장 거룩한 왕자란 뜻으로 '한글'이라고 부르자 하는 말이 가장 유력하니 '한'은 대大를 의미함과 함께 한韓을 표시하는 데 따른 것입니다.

그래서 그 뒤 계축년1913에 신문관新文舘에서 발행하던 아동잡지 《아이들보이》에 '한글란欄'을 베푼 것이 이 이름을 공적으로 쓴 시초며, 동시에 한글 란은 자모 분해에 의한 횡서橫書식의 조판을 처음 실시하였습니다. 무릇 한글이란 말은 본래 조선 문자를 조선어로 부르는 새 이름으로 생긴 것인데 그 이름의 쓰임이 아직 넓어지지 못하고 뒤에 주시경周時經 계통의 조선어학 그룹이 이 이름을 선전하기에 힘써서, 드디어 그 계통에서 나온 철자법 내지 문법을 쓰는 조선 어문의 명칭 비스름하게 변화하여 심지어 '한글식式'이라는 국한적인 말이 생겼습니다.

28자모에는 어떠한 연혁이 있었습니까?

조선국문을 만들 때에 맨 먼저 문제가 되고 또 가장 신중하게 연구된 점은 응당 자음, 모음을 몇이나 만드느냐 하는 일이었을 것입니다. 여하간 훈민정음으로 반포할 때에는 초성 17과 중성 11을 합한 28자로 되어 있고, 초성 자는 그대로 종성받침의 부호로 쓰게 마련되었습니다. 그리고 순음脣音의 가벼운 음[119]을 표시할 때에는 순음자의 아래에 ㅇ를 첨가하여 쓰는 별례를 따로 정하였습니다. 그러나 17자음 중에는 한자의 음 또는 타 지역의 말과 소리를 기록하는 것도 목적으로 하였던 것이 섞였으므로, 일반적으로 그 필요가 엷어서 ㆁ, ㆆ, ㅿ의 3자가 차차 없어지고 25자로 줄어든 채로 오래 쓰여 왔습니다.

그러나 조선어 자체에 생긴 음운변화가 근세 이래로 'ㆍ' 자의 음가를 필요로 하지 않다가 최근에 이르러는 제주도와 같은 고립문화지대 이외에서는 거의 상실하여 없는 실정이 되어, 광무 9년1905에 지석영池錫永의 신정국문新訂國文 실시에 관한 상소로 인하여 다른 여러 사람과 함께 'ㆍ' 자를 ㅏ로

---

119 보통 순치성[脣齒聲]이라는 것

병합하는 건이 칙령으로써 공포되고, 그 뒤 세월과 함께 그 실행자가 늘다가 잡지, 신문 등의 선전의 힘이 커진 다음부터 일반적 보급을 보게 되니, 이리하여 지금 실용하는 자모子母는 자모음字母音을 합하여 24자라고 해도 좋으며 대신 서양西洋, 남양南洋 등의 특수음 기록을 위한 부호가 방장方壯: 바야흐로 생성 발달하는 과정에 있습니다.

훈민정음 보급의 과정을 대강 알려 주시오.

조선 국자의 제정은 세종 대의 업적 중에서도 가장 정신을 주집注集[120]하신 사업으로서 그것의 완성과 함께 공을 들인 보람과 효과의 발휘에 대한 노력이 각 방면에서 두루 진행하였습니다.

첫째는 음운의 정리니 한자수입 이래로 그 음의 발달에 여러 번 연혁이 있는 동시에 기왕의 허다한 혼란과 착오가 있음을 면치 못하였을 터인데, 정음이 완성되기 무섭게 여기에 대한 정정訂正이 먼저 착수되어 정식 반포가 있기에 앞서서 세종 26년 갑자1444에 이미 '언문'으로 운회韻會[121]를 주석하였고, 반포 다음해인 세종 39년 정묘1447에 최항으로 하여금 『홍무정운洪武正韻[122]』을 번역하여 새로 『동국정운東國正韻』을 편성하고, 거기서 또 한걸음 내켜서 나아가 조선 최초의 자서字書 또는 운서韻書라 할 『사성통고四聲通攷』를 편찬 출간하게 하시니, 문헌에 전하는바 훈민정음을 위하여 명나라의

---

120 한군데 쏟아 부은
121 고금운회[古今韻會], 송[宋]의 황공소[黃公紹]가 1202년에 편찬한 음운서로 운으로 한자를 찾게 되어 있다. 세종대왕은 훈민정음 창제에 대한 최만리 등의 반대에 정면으로 비판하고 집현전에서 고금운회를 언해했다.
122 명초의 국정운서

한림학사로서 요동에서 귀양살이를 하고 있는 황찬黃瓚에게로 질의質疑의 걸음을 13번 하였다는 것이 실상은 운서 찬술에 관한 고문顧問이던 것입니다.[123]

둘째는 문학의 건설이니 세종조에는 일찍부터 조선을 창업한 사실을 알리고 미화하기 위해 위하여 일대시편—大詩篇의 찬술이 진행되고 있었고, 훈민정음이 제정되자 즉시 한문의 노래를 국어로 번역하고 정음으로 기록하여 이것을 정음반포 전년인 세종 27년 을축년1445에 완성하여 어전에 바치고 또 다음 해에 간행되었는데, 이것이 모두 세종의 예리한 염려에서 나왔음은 얼른 살펴지는 바요, 찬술자 등의 진서전進書箋을 보건대 '정제고사訂諸古事 가용국언歌用國言 잉계지시仍繁之詩 이해기어以解其語[모든 옛일을 바로잡아 노래에 나랏말을 사용하여 이로써 시를 만들어 그 말을 풀이한다]'하였다 하니 그러면 서書가 완성될 때에는 국어의 부분이 실상 주체요, 한문이 도리어 그 해석처럼 여겨졌던 모양입니다.

---

123 그러나 신숙주가 음운에 대해 묻고 바로잡으려고 심부름으로 중국에 7, 8차 왕래한 것은 사실이지만, 그 상대가 황찬이라 함은 사실 무근의 주장이니 황찬은 명나라의 성화 연간[成化年間]의 진사[進仕]로서 우선 연대가 틀립니다.

이렇게 조선의 송시頌詩 특히 창업의 대사를 백대에 빛나게 전하려 하는 대문자를 국어 국문 본위로 만들고 그것이 국문의 제정과 함께 이루어졌다는 사실은, 우리 문화 관념 발달사상에 처음 보는 크고 지혜로운 결단으로서 그만큼 훈민정음을 중시하는 도가 자못 탁월하게 높았음을 말하는 것입니다. 『용비어천가龍飛御天歌』의 한 부분에 불교를 찬양한 『월인천강지곡月印千江之曲』과 석가전釋迦傳인 『석보상절釋譜詳節』이 다 국문으로 편찬되어 합하여 수십 권의 분량이 된 것을 세종 31년1449에 모두 간행하니 또한 국문학 일시의 성대한 구경거리였습니다.

이러한 기회와 운수 가운데 이전부터 내려오는 국어 가사歌辭와 이후에 속출한 그것들이 여기 모범을 얻어서 정음으로써 기록되어 전해졌음은 당연한 일이니 『국조악장國朝樂章』[124]에 전하는 고려 이하 조선 초기에 걸치는 국어 가사들이 이렇게 기록적 생명을 얻은 실물들이라 할 것입니다.

---

124 영조의 명으로 홍계희 서명응 등이 종묘악장, 문소전악장, 열조악장 등을 하나로 엮어 펴낸 악장집. 1765년에 간행되었다.

셋째, 번역 사업이 번성하니 먼저 불교 및 유교경전의 언해講解 내지 주석이요, 거기 이어 일반적인 보급성 문자의 번역입니다. 불교의 경전에 대해서는 세종조에 고려 말 조선 초 이래의 구결口訣[125]과 음해音解를 정음으로써 개정하고, 다시 어느 정도의 번역으로 추광推廣하여 일부분이 간행되다가 후에 여러 번 수정을 가하여 차차 기본경전대부基本經典大部[126]의 완성을 보았습니다. 불교에 대해서는 세종조에 수양대군의 지도로 역주사업이 추진되다가 수양대군이 왕위에 오르자 세조 6년 신사1461에 특히 『간경도감刊經都監』을 두고 한편으로 고려판대장경을 추가하고 보충하기 시작하며, 한편으로는 주요 경전의 역주에 힘을 쏟아 세조 7년 임오1462에 『능엄경언해楞嚴經該解』이하 여러 가지 정음 번역본이 차례로 간행되고 이후 여러 왕조에 걸쳐 새로운 번역이 종류별로 출간되었습니다.

---

125 한문을 읽을 때 그 뜻이나 독송을 위하여 구질 아래에 달아 쓰던 문법적 요소를 통틀어 이르는 말
126 사서삼경과 예기

그 다음 일반적 책 종류로는 세종조의 『구급방언해救急方講解』를 시작으로 하는 의학서 유類와 성종조의 『두시언해杜詩講解』를 시작으로 하는 시집 종류와, 역시 성종조의 내훈을 시작으로 하는 수양서 종류와 중종조의 『농서언해農書諸解』를 시작으로 하는 『경제방經濟方』 유가 시대를 따라 속출하는 성황을 보였습니다.

이상의 모든 사실은 대개 훈민정음 제정 후 비교적 초기에 속하는 것으로 그 이용과 보급에 대한 성의誠意가 어떻게 왕성하였는지 살필 수 있을 것입니다. 그러나 조정에서의 노력이 많았던 반면 민간에서의 받아들인 반응은 그다지 현저치 못한 채로 오랜 세월을 지내다가 숙종 전후로부터 민중소설의 유행이 커지는 기운에 국문의 세력이 한번 늘고, 고종 전후 예수교의 보급이 그대로 조선 국문의 보급을 의미함에 말미암아 그 지위가 다시 한 번 높아졌다가, 갑오경장 이후 관공문서의 국한문혼용, 학교 교과서의 국문범위 확대, 신문, 잡지, 소설 등의 국문 본위적 경향 등의 단계를 거쳐 마침내 오늘날에 이르렀습니다.

그러나 사태를 바로 보건대 조선의 국문학은 아직도 초창기의 미숙한 단계에 있어서 성숙·발달에 필요한 모든 요소를 널리 흡수치 않으면 아니 됨이 명백하니, 부질없는 소아병적 편견을 갖고 스스로를 고정시키고 스스로를 가두어 정당한 발언에 장애를 주는 것 같은 일이 있으면 이는 실로 것똑똑이 헛똑똑이 일을 잡는 좋은 본새일 것입니다. 조선어와 조선문은 이제 정히 왕성하게 섭취하고 소화하여 그 내용과 실력을 오래 기르기에 전심전력할 시기에 있습니다.

〈끝〉